FRED KIRILOFF

1400 PIÈCES CUISINE

60 ANS DE THÉÂTRE

LTB

FRED KIRILOFF

1 400 PIÈCES CUISINE

60 ANS DE THÉÂTRE

Photo de quatrième de couverture, Philippe Behar, tous droits réservés.

CONTACT : letigreblanc13@laposte.net
0 689 645 258

ISBN 978-2-906294-26-4

Ce qui m'est difficile, m'est toujours nouveau.
Paul Valéry

*Fred Kiriloff m'a confié « 1 400 Pièces Cuisine » en 2011.
« Vois ce que tu peux en faire… » m'a-t-il soufflé sur un ton mirieur,
mi-sérieux qu'il affectionnait. Après lecture, nous décidâmes
de compléter ses mémoires par des enregistrements, des
entretiens qui se déroulèrent à Saint-Malo, dans la villa Rozven,
chez son amie Marie-Thérèse Perthuisot.*

*Fred était venu jouer au Château dans le cadre du Festival
d'Art dramatique de Saint-Malo créé en 1956.*

*Fred Kiriloff et Philippe Behar, son compagnon, aimaient
flâner sur les remparts de la vieille ville de Saint-Malo dans
cette lumière malouine si particulière au gré des marées.*

Fred nous a quittés trop tôt et le projet en est resté là.

*Aujourd'hui, Philippe Behar m'a proposé de publier les mémoires
de Fred comme témoignage d'une époque théâtrale
peut-être révolue.*

*Fred Kiriloff désirait que son expérience enrichisse les futurs
jeunes « metteurs en scène sonore » pour reprendre son expression
favorite, avec :*

La cuisine de 1 400 Pièces sonores.

Bertrand Vet.

Pourquoi n'écris-tu pas tes souvenirs ? Tu as travaillé avec tant de gens célèbres… Tu sais tellement de choses. Alors, raconte, raconte, raconte…

J'ai jeté sur ces feuillets une partie de mon existence, laissant ma mémoire aller, où bon lui semblait.

Ces pages, je les dédie à Roger, il aurait dû les lire, mais le destin en a décidé autrement.

Ces pages ne sont pas autre chose que ce qu'elles sont et il faut les prendre comme telles. Voilà…

VICTIME ! Je suis LA victime ! Je suis le fruit et la victime à mon corps défendant, bien sûr, d'un incident technique, contrecoup, si j'ose dire, d'une extase incontrôlée. Incident technique qui précipita ma mère dans une situation intéressante et neuf mois après, advint ce qu'il est convenu d'appeler : un heureux événement.

Heureux événement pour ma mère, événement malheureux aux yeux de mon géniteur de père qui, sans crier gare, inopinément, et sans coup férir, se fit la malle. Ma mère, elle, chrétienne, croyante, mais surtout *CORSE*, assuma l'arrivée de cet imprévisible moutard, comme un don du ciel, donc je suis né au cœur de l'hiver. Et je suis extrêmement frileux ! J'ai vu le jour au cœur de la nuit. Et l'obscurité ne me gêne en rien. On aurait pu me prénommer : Désiré. Désiré, je ne l'étais pas, mais alors, pas du tout ! Alors, on me baptisa : Frédéric. Revenons à mon père et rendons-lui, malgré tout, une équitable justice. Il est parti, certes, mais il s'est séparé de ma mère en gentleman. Il ne voulait d'enfant à aucun prix, mais d'une part, il a accepté un peu forcé, quand même, que je porte son nom et d'autre part il s'engagea à assurer financièrement la subsistance de la mère et l'éducation de l'incident technique, c'est moi ! Avec un fair-play dont il faut lui rendre hommage. Mon père, je ne l'ai vu, aperçu, que de fort loin en très loin, et à part de conventionnelles banalités, nous n'avons jamais très bien su quoi nous dire. Quoi qu'il en soit, inculqué par ma mère, j'ai toujours eu envers lui un respect filial convenu. Le temps des biberons, du sevrage et des dents de lait révolu, ma Corse de mère a élevé l'infernal bambin que j'étais, car j'étais vraiment infernal, avec une énergique main de fer. Appareillée, entre autres, d'un solide martinet, qui laissa de nombreuses fois, trop ! sur mes jeunes fesses de douloureuses et rougeoyantes zébrures… Premiers souvenirs cuisants, mais de ceux-là, je me les rappelle fort bien ! Ce dont je ne me souviens forcément pas, car on me l'a raconté, vous voyez, c'est déjà truqué ! truqué comme au théâtre ! Donc, je devais avoir cinq ans, et c'est la première fois que j'apparus en public, sur la scène d'un théâtre. Pas exactement sur la scène, mais sur un grand escalier : l'escalier du Casino de Paris. Parfaitement, mesdames et messieurs, j'ai descendu à cinq ans le grand escalier du Casino de Paris, un dimanche en matinée, dans un petit costume blanc, tenu ferme par la main de Mistinguett. Bien sûr, je n'ai pas compris ce qui m'arrivait et les raisons de cette situation pour le moins insolite. Les raisons, les voici : avant ma naissance, ma mère, longtemps, a fait du théâtre. Actrice, elle a joué la comédie, a chanté, probablement dansé aussi. Elle était belle, très très belle.

Et crac ! Je suis arrivé au monde, impromptu et j'ai stoppé net la carrière de ma mère. Partant du principe que l'on ne peut s'occuper d'un enfant, l'élever et faire du théâtre en même temps, elle a cessé du jour au lendemain de jouer. Si elle a, pour l'amour de moi, brisé sa carrière théâtrale, elle n'en a pas moins conservé avec ses anciens camarades d'affectueuses relations dont j'ai été, maintes fois, le jeune témoin. J'étais trop jeune pour comprendre son sacrifice, mais qu'elle a dû souffrir, ma pauvre mère ! Où en étais-je ? Ah oui ! au Casino de Paris. Mistinguett adorait ma mère, ma mère adorait la Miss, elles étaient intimes. La Miss me gavait de bonbons, ma mère de taloches, et de taloches en bonbons, de bonbons en taloches, un beau dimanche, j'ai fait ma première apparition sur la scène du Casino de Paris. J'ai toujours pensé que c'était une énorme blague que faisait la Miss à ma mère.

Un demi-siècle plus tard, exactement, le même scénario s'est renouvelé quasiment de la même manière, et l'on m'a fait, de nouveau, l'honneur de me faire paraître au théâtre. Francis Perrin a remplacé la Miss, Roger a remplacé ma mère et je continue de penser que Francis me faisant débuter à ses côtés a renouvelé sans le savoir, vis-à-vis de Roger, le canular que la Miss avait fait à ma mère. Cocasse, non ? Je l'ai déjà signalé, j'étais un bambin infernal, et encore aujourd'hui je le crois volontiers. En dehors de Mistinguett, ma mère était intime avec Parisys, chanteuse, comédienne, figure éminemment célèbre des années dites *Années folles*. Parisys a été la créatrice de nombreuses chansons grivoises à l'époque, entre autres : *Ah ! Les Fraises et les framboises*, j'en passe et des meilleures ! Comment décrire l'appartement de Parisys, rue Ampère : son grand dalmatien, sa peur des cambrioleurs, le flacon de poivre pour jeter aux yeux des éventuels agresseurs, le projecteur de théâtre éclairant la tête de son lit, avec Robert Trébor, le Théâtre de la Madeleine, le Théâtre Michel, Trébor à la colle avec Parisys. Ma mère et Parisys ne se quittaient pratiquement pas. Parisys jouait-elle ? Ma mère allait bavasser dans sa loge, Parisys ne jouait pas, ma mère passait chez elle, dans son appartement de la rue Ampère, ses dimanches à bavasser toujours et encore. Quant à moi, toujours infernal bambin, comment pouvait-on m'occuper pendant tout ce temps ? Marcelle Parisys était abonnée à un gadget des années trente, un must de l'époque : Le Théâtrophone. Le Théâtrophone ? Deux écouteurs branchés sur le téléphone retransmettent le dimanche et, en direct, une pièce de théâtre. Toujours insupportable, que pouvait-on inventer pour me faire tenir tranquille ? Ni ma mère ni Parisys ne trouvaient la solution jusqu'à un beau dimanche où la Parisys eut l'idée géniale de me mettre sur les oreilles les deux écouteurs du Théâtrophone. De ce jour, j'écoutais, médusé, des dimanches entiers des gens qui se parlaient entre eux, apparemment devant d'autres gens qui semblaient ravis. J'écoutais avidement des gens que je ne voyais pas, qui racontaient des histoires que je ne comprenais pas et j'étais ravi, enchanté, hypnotisé, et j'étais furieux que cela cesse et pendant toute la semaine, je ne pensais qu'au prochain dimanche à venir et aux écouteurs magiques de ce mystérieux Théâtrophone. Et ce rituel dominical du Théâtrophone a duré des années. J'avais presque six ans lorsqu'un jour, coup de théâtre, Robert Trébor, le directeur du théâtre Michel, a obligé ma mère, de force, à rejouer la comédie. Oh, un petit rôle dans une pièce qu'il montait dans son théâtre : *La femme en blanc*. Ma mère jouait une soubrette et le scénario du Théâtrophone s'est renouvelé, mais cette fois, en vrai. Tous les dimanches après-midi, on m'installait sur un strapontin du balcon de ce minuscule théâtre que Jean Cocteau appelait *une bonbonnière*. Contrairement aux écouteurs du Théâtrophone, chez Parysis, où je ne faisais qu'entendre sans rien voir, au théâtre Michel, assis sur mon strapontin, je voyais tout, j'entendais tout. C'était le Théâtrophone en vrai. Je voyais et j'entendais ma mère et ses camarades raconter à des gens assis comme moi, et qui semblaient ravis, une histoire, à laquelle je ne comprenais rien et je voyais ma mère de loin et elle me semblait être en même temps que ma mère, une autre personne, dédoublée. J'étais très ému. Je n'avais que six ans. Pas grand, en culottes courtes, les cheveux taillés en brosse, j'étais, paraît-il, mignon et je faisais rire. À six ans, on entre à l'école communale. Élève très moyen et, par voie de conséquence, les bons points étaient rares et la médaille d'Honneur obtenue avec dix bons points a toujours été un objet que je n'ai aperçu que de loin ! Je n'étais pas vraiment un cancre, je n'étais pas un aigle non plus. Une seule chose fonctionnait à la perfection : les récitations. Mon vrai plaisir, c'était d'apprendre des vers et de les déclamer en public… Je récitais, je récitais à la moindre occasion : bien ? mal ? Mystère !

La pièce du Théâtre Michel étant terminée, ma mère avait repris ses vieilles habitudes et, à peu près tous les dimanches après-midi, elle allait jacasser avec ses copines, dans un théâtre ou dans un autre. Comme d'habitude, on m'installait sur un strapontin d'un balcon, mais petit à petit, sans savoir ni pourquoi ni comment, de mon strapontin, je me suis glissé dans les coulisses, *POUR VOIR*. Pour voir quoi? Pour voir ce qui se passait derrière le rideau. Je traînais, ainsi, dans les pattes de tout le monde, toujours exactement à l'endroit où il ne fallait pas que je sois. Ce que je voyais était, pour moi, incompréhensible, mais je me sentais dans ces coulisses tout à fait à l'aise, je dirais même comme chez moi. Pour fêter mes sept ans, ma grand-mère paternelle m'offre un Théâtre Guignol avec ses marionnettes. J'avais tout à coup dans les mains, en petit, ce que je voyais depuis mes strapontins lors de mes intrusions dans les coulisses des théâtres dominicaux de ma mère. Je découvre ce qu'est un théâtre, un personnage, la machinerie, le décor, enfin tout. Coup de foudre! Ma mère et moi habitions en bordure du Champ-de-Mars tout près du square Dupleix. L'école à peine finie, je me précipitais sur mon Théâtre Guignol que j'installais dans un coin du square et je donnais à mes condisciples d'interminables séances de marionnettes, mélangeant des bouts de pièces que j'avais vues les dimanches précédents, restituant, tant bien que mal, des saynètes du vrai Guignol du Champ-de-Mars, où l'on me menait le jeudi après-midi. C'était dément, surréaliste, presque toujours incompréhensible, et sûrement très mauvais. J'avais quand même un public, je faisais payer la place cinq sous de l'époque et je faisais une recette. De séance en séance, mon petit pécule augmentait. Avec ce peu d'argent, je perfectionnais mon Théâtre Guignol, je refaisais en petit ce que je voyais en grand dans mes théâtres du dimanche, improvisant des dialogues, fabriquant de nouvelles poupées, faisant monter et descendre, des décors dessinés et peints par moi. Je ne saurais jamais comment, car je n'ai jamais su ni peindre ni dessiner, mais tout ça existait, et mon public était, tout à la fois, d'une inconscience et d'une indulgence inexplicable. Ne serait-ce pas là un début d'explication du mystère, jamais élucidé, de la magique fascination qu'exerce le fait théâtral? Gauchement, pour cinq sous, sans bien m'en rendre compte, je faisais *RÊVER* mes condisciples de l'école primaire. L'école et mon Guignol cohabitaient relativement pacifiquement et, comme en grandissant, je devenais de plus en plus infernal, ma mère, de guerre lasse, me met chez les louveteaux pour que je puisse, comme on dit maintenant, m'éclater. Bien entendu, je provoque feu de camp sur feu de camp, je me déchaîne pour organiser des spectacles avec les autres louveteaux, je joue des saynètes, j'invente, j'improvise. J'imagine tout, n'importe quoi, qui peut ressembler de loin ou de près à ce que je crois être de l'art dramatique. Certains jeudis après-midi, la cheftaine nous emmenait dans une salle de la rue Saint-Dominique, la Salle de la Chimie, voir des spectacles pour enfants. Là, assis, les yeux écarquillés, hypnotisés par ce qui se passait sur la scène, j'ai fait la connaissance, sans le savoir, de mes futurs camarades de travail qui, pour l'heure, formaient une compagnie théâtrale : Le Théâtre de l'Oncle Sébastien, appellation insolite ! Et cet Oncle Sébastien, de son vrai nom Léon Chancerel, secrétaire archiviste de Jacques Copeau, est son élève et son héritier spirituel. Jacques Copeau, le rénovateur de tout le théâtre du XXe siècle, Copeau, pionnier, créateur d'un style nouveau d'expression dramatique, *le théâtre d'avant-garde*, fonde le Théâtre du Vieux-Colombier, une troupe et sa célèbre école. À l'exemple de son contemporain Firmin Gémier, il s'efforce, lui aussi, de démocratiser l'art dramatique. Firmin Gémier est le créateur en 1920 du Théâtre national populaire. Le TNP ? Le TNP de Jean Vilar ? Pas encore, pas si vite, mais c'est tout comme.

Le Théâtre national populaire de Gémier, j'insiste à dessein sur le mot POPULAIRE, sis dans la salle de spectacle de l'ancien Trocadéro, qui sera remplacé pour l'Exposition universelle de 1937 par l'actuel palais de Chaillot. Jean Vilar n'a pas fondé le TNP, mais dans ce même lieu, trente années plus tard, il a repris et mené à bien l'idée de Gémier, son prédécesseur. Et ce TNP, Jean Vilar l'a rendu célèbre, mondialement célèbre. Jean Vilar, Gémier, Copeau, Chancerel, ces pionniers du théâtre moderne.

Premièrement, Gémier-Vilar, le Théâtre national populaire et le TNP, même combat, deuxièmement, Jacques Copeau, Jacques Chancerel. Jacques Copeau, le Théâtre du Vieux-Colombier, et sa troupe : Les Copiaux avec Jouvet, Jean Dasté, A. M. Julien, Michel Saint-Denis, Léon Chancerel, entre autres. Léon Chancerel, dans le droit fil de l'esprit de son *Maître* Copeau, crée Le Théâtre pour la Jeunesse. Il réunit une pépinière de jeunes acteurs et fonde une troupe : Les Comédiens Routiers et le Théâtre de l'Oncle Sébastien. Tout le monde avait sa troupe en ce temps-là ! C'est une épidémie ! Chancerel le professeur, le fondateur de la revue d'Histoire du Théâtre, dans laquelle il signait ses articles… L'Oncle Sébastien. L'âge moyen de cette jeune troupe d'acteurs était entre quinze et vingt ans, dans les années 1937, Jean-Pierre Grenier, Olivier Hussenot et sa femme Anne-Marie, Madeleine Barbulée, Hubert Gignoux, Bernard Lajarrige, Jean Dasté, le gendre de Jacques Copeau, Yves Joly, marionnettiste, Maurice Jacquemont, une belle pépinière de comédiens en herbe pour l'avenir de l'art dramatique. On les appelait à l'époque *Les Fanas de l'art drama*. Sur la scène de la Salle de la Chimie, ils interprétaient des pièces pour enfants, la plupart écrites par Léon Chancerel, alias l'Oncle Sébastien. Le répertoire du Théâtre de la Jeunesse ? *Les Aventures de Babar l'Éléphant, L'Enlèvement de Mirabelle*. Starring : Madeleine Barbulée, *Le Papillon chinois*, de J. P. Grenier et Hubert Gignoux. Féerie. *Le Jardin de l'Oncle Sébastien*. Féerie en vingt-cinq tableaux, co-starring : Madeleine Barbulée, J. P. Grenier, Olivier Hussenot et toute la troupe. *La Chemise de l'Homme heureux* de Léon Chancerel, *Picrochole et les Coquecigrues*, toujours du même, très librement inspirés du *Gargantua* de Rabelais, etc. Répertoire imposant ! Copeau, le Théâtre du Vieux-Colombier, sa troupe : Les Copiaux. Des Copiaux vont émerger, Louis Jouvet, acteur, metteur en scène, chef de troupe qui va révéler au public Jean Giraudoux, Jean Dasté, gendre de Copeau, le pionnier de la décentralisation théâtrale, qui, lui aussi, chef de troupe fonde : La Comédie de Saint-Étienne. A. M. Julien, Aman Julien Maistre, va devenir directeur de théâtre, il invente le Théâtre des Nations qui va réunir à Paris, au Théâtre Sarah-Bernhardt, pendant dix ans, les plus beaux spectacles du monde entier. Il sera aussi Administrateur général de la Réunion des Théâtres Lyriques Nationaux : l'Opéra, l'Opéra-Comique, etc. Son fils, François Maistre, avec qui je vais beaucoup travailler. Revenons aux Copiaux et surtout à Léon Chancerel : l'historien du théâtre, le comédien, l'auteur, l'animateur des Comédiens Routiers, le créateur du Théâtre de l'Oncle Sébastien. J. P. Grenier et Olivier Hussenot se séparent de Léon Chancerel et vont fonder leur propre compagnie. Et avec quel succès ! Yves Joly va faire de même et, à sa manière, va révolutionner l'esthétique du spectacle de marionnettes. Et enfin pour en finir, suivant les traces de Jean Dasté, Hubert Gignoux va devenir lui aussi un des champions de la décentralisation, il fonde la Troupe du Centre Dramatique de l'Ouest. Avec Jean Dasté et Hubert Gignoux, le théâtre façon Paris va s'enraciner dans la France profonde. Suivant leur exemple, quantité de troupes régionales vont se créer un peu partout.

Le théâtre se popularise et l'on va jouer dans les plus petits villages. Trente ans plus tard, la grande idée de Firmin Gémier se réalise enfin : la fameuse *décentralisation.* Et cette formidable machine fonctionne efficacement. L'aventure tient la route depuis plus de cinquante ans maintenant. Tout, je dis bien tout, y compris ce que je viens de raconter, m'a précipité vers le théâtre et le théâtre seulement.

Ma mère bavarde avec son grand copain Jules Raimu.

— Ma petite Paulette regarde ton pitchoun, il fera du théâtre.

— Jamais, tu entends Jules, jamais Fred ne fera ce métier maudit !

— Si, ma petite Paulette, le pitchoun fera du théâtre, je le sens.

— Non, non, et non, tu m'entends, Jules, non, jamais !

Et Raimu lassé par les dénégations énergiques de ma pauvre mère m'embrassa sur les deux joues et me dit :

— Pitchoun, tu feras du théâtre, moi, je te le dis.

La paroisse Saint-Léon où j'étais louveteau avait dans sa Maison-des-Œuvres un vrai théâtre. De toutes les paroisses de Paris c'est, bien entendu, dans celle où il y avait un théâtre que je grandis : baptême, première communion, enfant de chœur, louveteau, scout et… acteur d'occasion. J'ai revu quarante années après ce Théâtre de la Maison-des-Œuvres de la Paroisse-Saint-Léon. Il est en réalité beaucoup plus petit et modeste que dans l'hypertrophie de mes souvenirs, mais c'était quand même mon deuxième vrai théâtre. J'y ai joué. La fête de la Paroisse et la fête de la troupe scoute étaient des prétextes tout trouvés. Les fêtes de la Paroisse succédaient aux fêtes scoutes. Chacune de ces occasions était bonne pour le louveteau de huit ans que j'étais, bambin insupportable, survolté, déchaîné, de s'essayer à jouer des saynètes comiques, alors que le plus grand drame mondial qui allait transformer le visage de la planète se profilait à l'horizon du monde.

Mars 1936, c'est *l'Anschluss*. L'annexion de l'Autriche par l'Allemagne, le monde entier fait l'autruche, s'arrange pour ne rien voir, et surtout pour ne rien comprendre. Geneviève Tabouis, journaliste politique, chroniqueur diplomatique au micro de la toute jeune *Radio Luxembourg*, prédisait, visionnaire à rebours, avec une implacable sérénité, une paix universelle garantie pour au moins cinquante ans. Ses chroniques radiophoniques commençaient invariablement par : *Et voici les dernières nouvelles de demain. Attendez-vous à savoir… Ce que le Chancelier Adolphe Hitler…*

Malgré cet optimisme opiniâtre, quelques nuages noirs s'accumulent dans le ciel mondial. Ma mère est en proie à de sombres pressentiments. À l'encontre d'Hortense, la grenouille météorologique du *Poste parisien*, ancêtre coassant de Laurent Broomhead, censée prédire la pluie et le beau temps, les gouvernements décident que le ciel politique est au beau fixe. L'année 1937 qui voit à Paris le triomphe de *L'Exposition universelle des arts et techniques* semble bien confirmer cette euphorie. Quelques esprits chagrins regardent d'un œil torve les pavillons des deux plus grandes puissances mondiales. L'URSS et les USA se font face, s'observent, se toisent, séparés par la seule largeur des fontaines lumineuses du flambant, rutilant, et tout neuf Palais de Chaillot.

1 938, le péril hitlérien apparaît soudain comme une angoissante réalité. Malgré les éditoriaux optimistes de l'intarissable et omniprésente Geneviève Tabouis, la paix mondiale semble en équilibre précaire. Les pressentiments de ma mère se font de plus en plus sombres. Enfin, les commentateurs politiques délaissant les périphrases évasives, dénoncent soudainement dans les journaux, sur les ondes, l'effrayante réalité de la machiavélique machine de guerre hitlérienne.

En septembre 1938, Édouard Daladier et Chamberlain évitent à Munich la guerre de justesse ou, pour le moins, font croire que tout va pour le mieux dans le meilleur des cas.

Ma mère s'inquiète de plus en plus sérieusement sur le devenir de la paix. Le jeudi 25 mai 1939, je fais ma première communion solennelle. Malgré un temps radieux, l'horizon mondial se charge de nuages menaçants. L'inconscience des gouvernements n'a d'égal que leur incompétence à maîtriser une situation qui leur échappe totalement. Le 1er septembre 1939, le cataclysme se déchaîne, l'armée allemande envahit la Pologne. Le point de non-retour est atteint. Le 3 septembre, la France et l'Angleterre déclarent la guerre à l'Allemagne. Le premier acte de la seconde conflagration mondiale vient de se jouer.

C'est *La drôle de guerre* qui commence.

Les pressentiments de ma mère se changent en réalité. Elle entrevoit le scénario des évènements qui vont se dérouler dans les dix mois à venir : la débâcle des troupes françaises, l'exode des populations civiles fuyant devant l'envahisseur allemand, la France occupée, la France écrasée sous la botte hitlérienne. Le patriotisme de ma mère et son sang corse ne font qu'un tour : elle convainc ma grand-mère paternelle d'aller nous réfugier dans un trou perdu du fin fond de la Corrèze. C'est là où le drame frise, comme toujours, le comique. Au milieu de cette atmosphère d'affolement, dans le tourbillon des préparatifs de notre départ, à l'instant précis de tourner la clé dans la serrure, ce qui allait mettre notre appartement en sommeil — pour combien de temps ? — ma mère, subitement, descend chez le boulanger du coin. Elle achète une vingtaine de baguettes d'un pain qui était encore, et pas pour longtemps, ce que l'on appellera avec nostalgie pendant quatre ans, du pain d'avant-guerre. Ces vingt baguettes, elle les découpe soigneusement en morceaux, ces morceaux, elle les emballe dans des serviettes de table et elle enferme le tout dans des cartons à chapeaux ! Ils sont restés dans l'appartement, soigneusement rangés dans le haut de ses armoires. Je l'entends encore dire tout haut, se parlant à elle-même :

— On ne sait jamais !

Dans le même temps, après cet étrange épisode alimentaire, nous sommes partis.

1939, la débâcle, l'exode. Nous échouons, ma mère et moi, dans un petit village, perdu au fin fond de la Corrèze. Deux années où il ne se passe rien de bien important pour moi, sinon que j'obtiens le Certificat d'études. Affublée par les autochtones, comme une bonne moitié des Français, du qualificatif quelque peu péjoratif de réfugiée, ma mère a tenu le coup pendant deux ans et puis un jour elle a craqué. Paris lui manquait. En 1941, rapatriés, nous voilà de retour dans notre appartement. Nous revenions à Paris en pleine Occupation et nous allions devoir affronter une suite de situations étranges, il fallait réorganiser notre vie en conséquence. En un mot, il fallait faire avec. D'abord, avec les Allemands présents partout, avec le couvre-feu, les alertes aériennes, les bombardements, et surtout avec RIEN, mais ce qui s'appelle rien et rien, c'est rien du tout. Les restrictions, le marché noir, la bouffe sans tickets d'alimentation, le pudding à la sciure de bois, les biscuits caséinés, les pastilles vitaminées de l'école, on ne pensait qu'à ça. Il faut bien comprendre que, pendant l'occupation, les deux tiers du temps des Parisiens étaient occupés, si j'ose dire, à trouver de quoi manger, d'ailleurs tout cela a été raconté à profusion. On a tout dit, tout écrit sur la vie quotidienne des Parisiens pendant l'occupation. Et LA POULE ? La poule ? Oh, là, là ! quelle aventure ! Pour se procurer clandestinement des victuailles, on arrivait à faire n'importe quoi. Je suis même allé jusqu'au fin fond de la Touraine, à bicyclette, tout seul, je ne sais plus où, dans je ne sais plus quel bled, pour en rapporter quelque chose à boulotter : des œufs, du beurre, des pommes de terre, une laitue, n'importe quoi de mangeable qui ne soit pas des topinambours, du son ou des rutabagas. Quand on a faim, *À cœur vaillant, rien d'impossible*. Donc, ma mère avait pensé qu'un bambin de douze ans, seul sur un vélo, n'attirerait pas l'attention des patrouilles de la soldatesque allemande qui fouillaient les voyageurs à la descente des trains ou bien rackettaient les rares voitures à gazogène qui circulaient sur les routes de la zone occupée.

Pour avoir de la soupe, j'ai fait dans la journée : Paris/la Touraine/Paris, expédition hasardeuse au résultat peut-être périlleux avec les alertes aériennes, les bombardements toujours possibles, les patrouilles allemandes. J'ai rapporté du beurre, un kilo, des œufs, une douzaine, des poireaux, une botte de douze, des patates, trois kilos, et inexplicablement, une poule, une poule vivante ramenée dans une boîte en carton. Tout ce barda ficelé sur le porte-bagages de mon vélo était plus que visible. Mais quand j'y repense, si j'avais été un adulte, logiquement, j'aurais dû être délesté de mon précieux chargement au moins dix fois. Sur le chemin du retour, je m'imaginais déjà la poule comme dans un rêve de dessin animé, bouillonnant avec les légumes dans un faitout géant. Toujours dans mon rêve, je humais tout en pédalant l'exquis, l'appétissant fumet de la recette dominicale de Sully. À la nuit tombante d'été, harassé par mes deux cent cinquante kilomètres à vélo, je retrouvai enfin le logis familial. Ma mère en déballant les précieuses denrées ne s'attendait pas à voir jaillir de la boîte en carton, comme un *Jack in the box*, un volatile caquetant et affolé. Je racontai mes visions de poule au pot. Ma mère, toujours pratique, réalisa illico qu'une poule vivante, normalement constituée, doit pondre et qu'un œuf équivaut à un repas complet. Un œuf est bourré de vitamines de toutes sortes, et un enfant, en pleine croissance, et sous-alimenté, doit manger des œufs, le plus souvent possible pour remédier aux carences alimentaires des restrictions. Ma mère ne tuerait pas la poule aux œufs clandestins. Comment nourrir cette poule ? On la nourrit avec des restes. Une poule, ça vit, ça remue, ça gigote, ça va, ça vient, ça fait ses besoins partout n'importe quand, n'importe où. Bonjour les moquettes ! Et où loger la poule, comment improviser un poulailler ? Sur le balcon ? Impensable, elle aurait été vue et entendue des voisins, on nous l'aurait probablement kidnappée. Alors, dans l'appartement ? Dans le couloir ? Dans une chambre ? Dans la salle de bains ? Aux waters ? Je ne vois plus qu'un seul endroit : la cuisine. Dans le four ? Sous l'évier ? SOUS L'ÉVIER ! À côté de la cuisinière à charbon, sans charbon. C'est ma mère qui a eu l'idée. L'évier, sous lequel est agencé un coin rangement fermé par une petite porte en bois à verrou, devenait le nouveau loft de notre volatile. L'espace était tout à fait suffisant pour elle. Ma mère et moi attendîmes qu'elle nous donne des œufs, nous attendîmes tellement longtemps que bientôt nous n'y pensâmes plus. Ma mère avait auguré une championne de la ponte, j'avais ramené une poule stérile. Puisqu'elle ne servait plus à rien autant la manger, qu'elle soit au moins utile à quelque chose. Ma mère, lassée d'attendre des œufs sous l'orme ou plutôt sous l'évier, voulait l'accommoder aux rutabagas pour un dimanche à venir. Dieu, que j'en avais envie maintenant de manger cette poule.

Un soir, après notre maigre dîner, en attendant comme chaque jour l'alerte aérienne pour descendre aux abris, je calculais gloutonnement le temps nécessaire pour cuire la volaille dans la marmite norvégienne. J'en avais déjà l'eau à la bouche. Comme les sirènes restaient muettes, je m'étais mis à repasser mes leçons pour l'école du lendemain. En fait de sirènes mugissantes, depuis quelques minutes, nous percevions des sons gutturaux, des cris douloureux, des râles à peine étouffés. Il se passait quelque chose du côté de la poule. Agonisait-elle ? Pratiquement, car, au prix d'efforts surhumains, notre gallinacé essayait d'éjecter de son croupion un œuf sans coquille ! Notre poule sous l'évier ne pouvait pas picorer les minuscules graviers, le calcaire indispensable à la fabrication de la coquille d'un œuf. Ma mère extirpa l'œuf mou, à demi fabriqué, du croupion de la bête, avec force dégâts, hélas ! La malheureuse bestiole se débattait de toutes ses forces pour tenter de s'échapper, les coups de bec pleuvaient dans tous les sens, j'étais griffé de partout. Ma mère pratiquait sur la volaille et sans anesthésie une chirurgie antique renouvelée de Podalire. Il y avait du jaune, du jaune d'œuf partout, dans la cuisine, tout était jaune, horriblement jaune. La volaille avait-elle survécu ? La poule était résistante. Elle se rétablit de son opération. Pour enfin avoir des œufs normaux, il n'y avait qu'une solution, et une seule, faire picorer la poule dans un endroit où l'on trouve du gravier, du sable, de la terre. Heureusement, nous habitions à proximité du Champ-de-Mars, lieu paradisiaque pour gallinacé à Paris. Une poule, ça vit en liberté, ça va, ça vient où ça veut, ça picore où bon lui semble, ça mène à longueur de vie de poule une existence insouciante de poule, alors comment maîtriser ce problème de liberté très surveillée ? C'est encore ma mère qui a trouvé le truc. Elle attachait autour du cou de la poule une longue ficelle. Nous mettions la poule et sa laisse dans un couffin, nous fermions le sac afin de rendre le volatile invisible aux regards indiscrets, et nous allions faire picorer la pondeuse le matin, de très bonne heure, dans les allées désertes du Champ-de-Mars. Elle s'est révélée une pondeuse extraordinaire grâce à laquelle pendant deux ans j'ai pu manger des œufs. Hélas, quelques jours après la Libération, un matin nous l'avons trouvé morte, morte de sa belle mort, sous l'évier. Allions-nous la manger ? Nous n'avons pas eu ce courage. Un matin de très bonne heure, ma mère et moi, nous l'avons enterrée au Champ-de-Mars, au pied d'un massif de fleurs, dans son paradis de verdure et de graviers. Nous étions tristes. Prononcer comme Anatole France sur la tombe d'Émile Zola l'éloge funèbre de notre gallinacé ? Oui, mais dans ma tête pendant que nous rentrions tristement à la maison.

Adieu notre poule, notre amie. Sans le savoir, tu nous as bien aidés à lutter contre la faim, à supporter les restrictions, merci pour tes œufs, merci pour tes omelettes aux rutabagas, pour tes œufs au lait écrémé, merci pour tes cocos à la coque et au pain noir, sous notre évier je sais que tu as été heureuse. Adieu ! Dors en paix dans le paradis des caquètements éternels.

Trois ans en arrière, au retour de notre exil corrézien, nous voilà de nouveau à Paris. Abandonné depuis un long temps, ma mère s'employait à remettre l'appartement en ordre de marche, astiquant, briquant. Aérant des vêtements truffés de naphtaline, elle finit par mettre la main sur les morceaux de pain entreposés trois ans auparavant dans les fameux cartons à chapeaux. Le fameux pain, durci dans les cartons à chapeaux, était parfaitement conservé, par contre il exhalait une insupportable odeur de naphtaline. Ma mère l'aérera, mais en vain, les relents de la naphtaline étaient aussi coriaces, aussi résistants que le peuple français face à l'occupant. Ma mère ne jetait rien de ce qui pouvait être mangé sous quelque forme que ce soit. Qui donc a mangé ce pain parfumé à l'antimite ? Moi ! Indigeste ou pas, ce pain, je l'ai mangé. Dur ? Non. MOU ! Pour le rendre, disons, comestible, ma mère faisait tremper les quignons dans de l'eau. Cela paraît impensable aujourd'hui mais, sous l'Occupation, ce pain blanc d'avant la guerre, même imprégné d'exhalaisons de paradichlorobenzène, en comparaison du pain noir de notre quotidien, était un vrai gâteau, du nanan, un pain béni, un régal sans égal. De ce précieux viatique, au rythme d'un ou deux morceaux par semaine, j'en ai mangé jusqu'à la fin de l'Occupation.

En 1941, j'ai treize ans. Après l'école communale, je vais au lycée. La Comédie-Française, l'Odéon, le Théâtre national populaire du palais de Chaillot, pas encore, et de loin, le célèbre TNP de Jean Vilar, étaient réservés à mes jeudis après-midi. Les dimanches, ma mère allait bavarder au Théâtre du Palace dans la loge de Jeanne Sourza qui jouait et chantait des opérettes avec Raymond Souplex : *Vive la reine, La Concierge est dans la cour*, etc., etc. Petit à petit, de la loge de Sourza où je m'ennuyais fort, je me glissais sournoisement dans les coulisses du Palace, c'était, bien sûr, plus excitant. Sans trop savoir comment cela se fit, j'aidais l'accessoiriste, je donnais un coup de main aux machinistes, je secondais le régisseur, j'enquiquinais le chef électricien.

— S'il te plaît, dis-moi comment ça marche tes projecteurs, ça sert à quoi toutes ces manettes ?

J'étais heureux, très heureux. Ma sainte mère n'avait pas été longue à découvrir mon pot aux roses et à le transformer en instrument de rétorsion : un mauvais carnet de notes au lycée et, paf ! privé de Palace ! L'horreur !

Tout ça va plutôt bien jusqu'en 1945 où un premier pan de ma vie s'écroule : ma mère meurt à cinquante-quatre ans, très vite, emportée par une maladie inconnue à l'époque et encore insoignable aujourd'hui, la leucémie. Horreur, et je me retrouve seul, seul tout seul, j'avais seize ans, quelques âmes charitables s'intéressent vaguement à moi. Dans ma détresse, je hurle que je veux me faire moine. On m'expédie chez les Pères Bénédictins de Paris pour voir si j'ai vraiment une vocation religieuse et en même temps finir mes études au Lycée Louis-le-Grand. Bien évidemment, il y avait la fête annuelle du lycée assortie d'une représentation théâtrale, ce qui fait que je passe le plus clair de mon temps à m'occuper du montage du *Mariage de Figaro*. Quant au bac, on verra plus tard et avec un peu de chance… Enfin, à Dieu vat ! Toujours prêt, toujours scout, à aider mes camarades, surtout quand il s'agit de théâtre, je m'institue régisseur, électricien, bref je m'occupe de toute la technique de la scène. Tout se passe le mieux du monde, la représentation obtient un franc succès et tout baigne.

Et la musique ? Ma mère jouait et chantait, elle avait une très jolie voix et un grand amour de la musique classique. Nous habitions au cinquième étage d'un immeuble cossu, confortable, en un mot : bourgeois. Au quatrième étage, une demoiselle Braconnier, chanteuse et pensionnaire de l'Opéra-Comique, donnait des leçons de piano. Il n'en fallut pas plus et je devins élève de cette demoiselle. Entre la *Méthode rose*, Mlle Braconnier et moi, une lutte de doigt de fer s'engagea sur le champ. Je n'étais pas doué et c'est le moins que l'on puisse dire. À l'inverse, quand Mlle Braconnier, découragée, excédée par cet élève rébarbatif, s'emparait de son piano pour se défouler. Je l'écoutais, béat, des heures entières. Pour un enfant de mon âge qui massacrait avec acharnement *Au Clair de la Lune*, elle me semblait jouer comme une déesse. Ainsi, grâce à mon acharnement à confondre sur le clavier du piano, dièse, bémol, bécarre, clé de sol et de fa, par le truchement de mon malheureux professeur, je fis connaissance avec Chopin, Schumann, Chabrier, Fauré, et j'en passe. Confortablement installé dans le fauteuil professoral, j'écoutais avec délices le maître devenu l'élève que j'aurais dû être. C'étaient mes premiers contacts avec la musique, premiers contacts, pas tout à fait : du roi des instruments à l'instrument roi, il n'y avait que le peu de distance qui séparait le piano de Mlle Braconnier du grand orgue de l'église Saint-Léon où, enfant de chœur, j'étais très impressionné par son gigantisme aux tuyaux et aux sons démesurés. L'orgue, inexplicablement, a toujours déclenché en moi un phénomène émotif assez bouleversant. J'aurais aimé être organiste mais, dans le tréfonds de moi-même, quelque chose, une petite voix, m'a toujours susurré que je ne le serais jamais. La grand-messe de dix heures, les chants, la musique des grandes orgues me mettaient dans une sorte d'extase émotionnelle, d'état second. Ma mère, intuitive, ne s'y est pas trompée et, remplaçant Mlle Braconnier, elle devint pour moi, à sa manière, un professeur de musique, simplement en me faisant écouter de la musique et en me l'expliquant. Par le truchement de la TSF, des disques, des concerts, je découvris les œuvres des grands musiciens classiques. Symphonies, concertos, sonates, trios, quatuors, tout était expliqué, analysé, méticuleusement décortiqué, et tout ça entrait dans ma cervelle enfantine comme le couteau dans du beurre. Bref, plus ma mère parlait de la musique, plus la musique devenait pour moi, langage. Ce que j'ignorais totalement alors, c'est L'Histoire de la musique. Et cette Histoire de la musique, j'allais la découvrir par-devers moi. Imagine un Monsieur venant, avant l'exécution d'une œuvre en concert public, t'expliquer, te décortiquer cette œuvre, te parler de ses différentes parties, de la manière dont le compositeur les a articulées. Imagine ce Monsieur te raconter la vie de ce compositeur, analyser les motifs de son inspiration, leur transposition dans sa musique, attirer ton attention sur tel ou tel passage de cette œuvre et te rendre ainsi totalement réceptif, disponible à son audition. Ce Monsieur, un grand amoureux de la musique, était surtout un conteur passionnant, envoûtant, à la voix hypnotique. Ce Monsieur s'appelait Pierre Hiegel.

Grâce à lui, gamin, je découvris l'amour de la musique, sa compréhension, son langage. Le destin a voulu que bien des années après, je travaille avec lui et qu'il continue l'enseignement qu'il avait, sans le savoir, commencé à me donner quand j'étais encore un enfant dans mon fauteuil des Concerts du Théâtre des Champs-Élysées. Ma carrière d'homme sonore de théâtre a été faite en écoutant de l'orgue, les leçons d'analyse musicale de ma mère, les exposés de l'histoire de la musique de Pierre Hiegel. Merci l'orgue, merci Maman, merci Pierre Hiegel.

Je suis Verseau, ascendant Balance. Double signe d'air, j'ai toujours eu peur d'un fluide : le gaz ! Par contre, j'ai toujours été attiré par un autre fluide, tout aussi dangereux : l'électricité ! Enfant, je mettais mes petits doigts dans les prises de courant et la brève décharge me procurait des sensations délicieuses. Étrange, non ? Ma mère en déduisit que je serais électricien et on dirigea mes études dans ce sens. C'était aller un peu vite. En réalité ce n'était pas l'électricité qui m'attirait, mais les *ONDES*, la communication par les ondes. La parole, la musique, les vibrations, additionner ces vibrations à l'électricité, ça donne l'électroacoustique. Transmettre dans l'espace l'électroacoustique, et nous entrons dans le domaine de la radiodiffusion. Je suis pratiquement né avec la TSF qui a toujours exercé sur moi une attraction inexplicable.

Les études considérées comme terminées, voici le service militaire. Double signe d'air, je fais mon Service militaire affecté dans les chars d'assaut. Une erreur administrative militaire me fait atterrir, si j'ose dire, chez les *PARAS*. Mon année de service militaire dans les paras fut un des meilleurs souvenirs de ma vie. Je suis démobilisé, maintenant il me faut gagner ma vie. Dès ce moment, commence un second scénario, aussi étonnant que le premier.

Un jour, je déambule nez au vent et passe par hasard, mais est-ce bien un hasard ? Je passe rue de Grenelle. Mes yeux tombent sur une plaque à l'entrée d'un immeuble où je lis : *Radiodiffusion française*. Quelque chose en moi fait gling, tilt, quoi qu'il en soit, un choc se produit. Je me dis et je ne sais encore pourquoi : *Il y a des techniciens à cette Radiodiffusion française, pourquoi pas moi !*

Avec une belle inconscience, je me présente, je remplis mille formulaires, on me dit qu'on m'écrira. Je laisse dire et je n'en crois rien. Je jure solennellement que c'est exactement ce qui s'est passé. Quinze jours plus tard, je reçois une lettre dont l'enveloppe était libellée comme suit :

Monsieur Fred Kiriloff — collaborateur de la Radiodiffusion française — 12 rue Rosa-Bonheur — Paris.

J'étais vert. Une lettre de contrat ! J'étais engagé comme opérateur de studio à la *Radiodiffusion* au 116 bis Champs-Élysées. *Se présenter au Chef de centre, tel jour du mois de mai à huit heures trente.* Ce n'est pas croyable, non ?

Dès ce moment, débute ce que je considère, maintenant, comme la seconde partie de ma vie. Pourquoi m'avait-on, moi, engagé comme technicien ? Mystère. Fou de joie et mort de trouille, je me présente au lieu et à l'heure dite, et on me colle sans coup férir, à un autre technicien, chevronné lui, pour lui servir de grouillot, un mec super sympa. Je ne connaissais rien de la radio, mais rien de rien, je découvre un monde fascinant. Je fais équipe avec lui, je commence à travailler, je regarde, j'apprends, j'écoute. Élève technicien, éberlué par l'ambiance des studios, je cherchais parmi tout ce petit monde en ébullition perpétuelle, où était la musique, où était le théâtre ? Manifestement ils n'étaient pas là où l'on m'avait affecté et j'en étais, quelque part contrarié. Le 116 bis Champs-Élysées, c'était les studios historiques du *Poste parisien*, dont l'écoute a bercé mon enfance, remis en service sous la botte allemande par les occupants, baptisé *Radio-Paris*.

« RADIO-PARIS MENT, RADIO-PARIS MENT, RADIO-PARIS EST ALLEMAND ! »

Ce slogan entendu pendant quatre ans dans le brouillage de *Radio Londres*, je m'en souviens, je me souviens aussi du *Poste parisien*, alias *Radio-Paris*, libéré par la Résistance, annonçant l'entrée dans la capitale des troupes de Leclerc. Quelle épopée ! L'État réquisitionne le *P. P.* Il y installe l'élément primordial d'un réseau de radiodiffusion : *le Journal parlé*. Véritable Nœud gordien d'une radio, *le Bulletin d'information* de par son audience et sa portée politique est l'élément clé, la poutre maîtresse, le porte-parole politiquement idéal d'un état. J'étais l'un de ces jeunes techniciens qui travaillaient au *Journal parlé*, et je jure que l'équipe du *Journal* n'engendrait pas la morosité, dans le genre délirant, ce n'était pas triste. Les déchaînés, les leaders, les chefs de file, c'était Pierre Sabbagh, c'était Pierre Dumayet, c'était Pierre Desgraupes et j'en passe, et j'en passe. Il y avait Lise Elina qui s'occupait entre autres de la mode et surtout Madeleine Blomet qui avait en charge l'actualité théâtrale. Je me débrouillai pour devenir son technicien et, avec mon beau culot, je tapais de places de spectacle ses visiteurs théâtreux célèbres. Je pouvais ainsi aller au théâtre gratis. J'essayais donc d'aller voir des pièces le plus souvent possible et j'y réussissais assez bien, quitte à me faire remplacer de temps en temps par les copains. En dehors de mes heures de travail, je me baguenaudais dans les couloirs et les autres studios de la Maison. À force de fouiner partout, je finis par repérer un studio toujours encombré d'acteurs. Je flairais là quelque chose, genre une bonne aubaine, je ne me trompais pas. C'était le studio où l'on enregistrait les émissions dramatiques, autrement dit *Le Théâtre radiophonique*. Je me débrouille pour m'y faire affecter. Et là, quel est mon rôle ? Assister le *Metteur en ondes*. Au théâtre, il y a des acteurs qui interprètent une pièce et qui sont chapeautés, dirigés par une sorte de patron qui est en quelque sorte le maître d'œuvre du spectacle, c'est le *Metteur en scène*, le créateur en chef, le décideur, comme on dit maintenant. Il a regard sur tout, il est responsable de tout. Et son équivalent dans *Le Théâtre radiophonique*, c'est le Metteur en ondes. À la radio, il n'y a pas de décors, les acteurs ne se déplacent pas sur la scène, il n'y a pas de public, alors il recrée cette réalité avec des artifices sonores, des musiques appropriées, des bruitages judicieusement choisis, des effets acoustiques spéciaux, et beaucoup d'autres choses encore. Avec boulimie, j'aidais à faire tout ce que je viens d'expliquer et à force de préparer les micros, mettre en place sur les tourne-disques les musiques, les bruitages, à force d'entendre le metteur en ondes donner des directives d'interprétation aux acteurs, j'ai eu envie d'en faire autant. Ce dérivé sonore du théâtre aiguisait ma vieille passion, et encore une fois : pourquoi pas moi ? J'étais sûr de moi, mais en même temps je ressentais confusément comme une sorte de trac. Quelque chose me manquait, que je ne savais pas faire. Savoir parler aux comédiens, savoir diriger des acteurs, j'en parlais à un speaker, ancien comédien, qui me conseilla de m'inscrire dans une école d'acteurs, pour voir. Maintenant reste à en trouver une bonne, une très bonne de préférence. Le copain speaker me conseille le Cours de Maurice Escande, d'après lui, super-réputé. Et je m'y précipite. Comme tout ce qui concerne le théâtre, c'est un peu étrange, à commencer par son directeur : Maurice Escande.

Sociétaire de la Comédie-Française, acteur réputé, le *Maître*, comme nous l'avons toujours appelé, dirigeait cette école où il enseignait en collaboration avec une autre grande sociétaire du Théâtre-Français : Béatrice Dussane. Une trentaine d'élèves, garçons et filles, aspirants comédiens, étaient régentés par une troisième personne, elle-même ancienne actrice, plantureuse à rêver, avec un drôle de béret basque immuablement vissé sur sa tête. Nouvelle *Mère Ubu* du théâtre, Madame Calvi jouait à la fois le rôle de répétitrice et d'administratrice du cours. Le *Maître* Escande ou Madame Dussane s'absentaient-ils, Madame Calvi était toujours là, immuable et monolithique, *walkyrie* du cours, éternellement casquée de son indéboulonnable béret. Madame Calvi, en vieille roublarde du théâtre, avait un truc, un truc infaillible, qui marchait à tous les coups sur les élèves : elle nous trouvait à tous une mauvaise voix. À l'époque, une mauvaise voix pour un acteur, c'était la faillite de sa carrière. Voix mal placée pour l'un, trop sourde pour l'autre, trop criarde pour telle malheureuse élève, elle semait astucieusement une panique dans le cours et en tirait profit pour arrondir ses fins de mois en nous dispensant des cours particuliers payants, pas cher, mais payants quand même. Quand on est jeune, qu'on gagne peu ou pas du tout d'argent, pas cher, c'est toujours beaucoup trop cher. Madame Calvi, elle, avait un art merveilleux pour faire ouvrir les porte-monnaie. Escande, Dussane, et l'inénarrable Madame Calvi et ses leçons de perfectionnement vocal, dispensaient leur enseignement au Théâtre Daunou tous les jours sauf le dimanche, un jour Escande, un jour Dussane, tous les jours Madame Calvi. Il faut dire une chose très importante, Escande était la bonté même et quand un élève n'avait pas d'argent pour payer il fermait les yeux et disait à Madame Calvi :

— Un tel m'a réglé directement son mois, marquez-le sur votre livre comme ayant payé.

Maurice Escande était un Monsieur, un très grand Monsieur. Je me suis présenté à Maurice Ecande comme un jeune technicien de la radio voulant faire de la mise en ondes, souhaitant regarder et écouter travailler les élèves, sans plus. Escande m'a longuement regardé, très longuement, puis il m'a demandé mon nom. Je me suis nommé et là, il s'est établi un très grand moment de silence. Je me disais en moi-même : « Ta requête ne l'intéresse pas, c'est râpé ! » Et ce silence qui se prolongeait me paraissait interminable et quelque part énigmatique. Et puis s'établit le dialogue qui suit, Escande :

— Tu es le fils de Serge ou de Louis ?

Moi, interloqué :

— Le fils de Serge Kiriloff.

— Ah ! De Serge ! Évidemment.

Et j'apprends alors que mon oncle, Louis Kiriloff et Escande avaient été élèves au Conservatoire, dans la même classe, qu'ensemble ils avaient été pensionnaires de la Comédie-Française, qu'ensemble ils avaient joué la comédie et que, tels deux jumeaux inséparables, ils étaient partis ensemble à la guerre et que seule la mort au Champ d'Honneur de mon oncle Louis avait tranché cette indestructible amitié. Et encore ! Était-elle vraiment détruite cette amitié indestructible ? La voix de Maurice Escande, pendant ce récit, était devenue, tout à coup, une autre voix, une voix étrange, quelque chose comme une voix désincarnée, quelque chose comme une voix venue d'un autre monde. Et le silence qui avait précédé ce récit s'établit de nouveau, long, encore très long. Je ne savais que faire, ou plutôt si, je savais qu'il ne fallait pas briser ce silence sacré du souvenir. Je me disais pendant tout ce temps qu'il n'y avait qu'à moi que ces choses arrivent, et pourquoi n'arrivaient-elles qu'à moi ? Eh bien, grâce à cet inconcevable concours de circonstances, me voilà admis et miracle de nouveau, sans bourse déliée. Dans la foulée le *Maître* me dit qu'écouter ne sert à rien, qu'il faut travailler comme les autres élèves et il me donne à apprendre une scène des *Fourberies de Scapin*. La scène du sac.

Entre le Cours Escande, la *Radiodiffusion* et toujours ma boulimie de théâtre le soir, c'était dans le genre inextricable. Quand même, je me débrouillais pour tout faire mais aujourd'hui encore, je suis incapable d'expliquer comment.

C'est, bien entendu, un élève du cours qui me donnait la réplique, pauvre Pilou ! Pilou, c'était son surnom, Pierre Vernier son nom véritable. Pauvre Pilou ! Je ne savais, bien sûr, rien faire. J'essayais de jouer le personnage de Scapin du mieux que je pouvais. Je devais faire des choses bien étranges, car je faisais rire les autres élèves d'abord, et surtout, surtout mon pauvre Pilou qui se tordait de rire à l'intérieur de son sac qui devenait un tas de chiffons, agité de soubresauts parfaitement incontrôlés. Mais pourquoi Pilou, victime inconsciente, pourquoi s'était-il proposé pour me donner la réplique dans le personnage de Géronte ? Ma scène de *Scapin* n'était plus une scène de travail, elle était devenue l'attraction du cours. Là où ça devenait franchement surréaliste, c'est le moment où je disais à Pilou-Géronte : «*J'aperçois venir des spadassins, tenez-vous dans le sac et ne BRANLEZ POINT !*». Là, c'était l'horreur. J'entendais Pilou glousser dans son sac, essayant de contenir d'abord un rire, puis un fou rire qui frôlait l'hystérie. Et chaque fois que nous passions cette scène qui devenait une sorte de scène vedette, chaque fois cela devenait de plus en plus dément, tant et si bien que Pilou ne voulait plus me donner la réplique et, finissant par céder, assumait son calvaire avec une gentillesse et une bonne volonté confondante. J'ai le souvenir d'un autre élève, d'une élégance quelque peu voyante, un tantinet trapu, les cheveux blond blanc, évidemment décolorés, élève flanqué d'un nom à particule. Je suis resté une année au Cours Escande et pendant toute cette année je ne l'ai jamais entendu, et cela quasiment tous les jours, que réciter :

— *Charlemagne, pardon, ces voûtes solitaires ne sauraient répéter que paroles austères…*

Ce pavé, ou cette tirade de soixante ou quatre-vingts vers, se trouve dans *Hernani* de Victor Hugo. Chaque fois qu'il passait, j'étais médusé.

Un beau jour à midi, à la fin du cours, Maurice Escande me prend à part et me dit :

— Kiki, veux-tu me faire plaisir ?

— Oui, *Maître*.

— Inscris-toi au concours d'entrée du Conservatoire.

— *Maître*, je ne désire pas jouer la comédie, je veux faire de la *mise en ondes*.

— Écoute-moi, inscris-toi au Conservatoire, une fois seulement, fais-moi ce plaisir.

— Non, *Maître*, je vous répète que je n'ai pas envie d'être acteur.

Le dialogue a piétiné, je me suis cabré et je ne me suis pas inscrit au concours d'entrée du Conservatoire, je suis retourné dans mes studios à la radio, je m'y sentais plus à l'aise. Plus tard et avec regrets, il m'en a souvent reparlé en affirmant, chose étrange, qu'un jour ou l'autre, je ferais quand même et malgré moi l'acteur. Ce dont je ne me doutais pas alors, c'est que cette année passée au Cours Escande serait une sorte de prélude, une préface à ma carrière théâtrale.

J'avais été louveteau dès l'âge de six ans, puis scout et routier jusqu'à vingt-deux ans. Le scoutisme m'a marqué pour la vie, c'est un fait certain. Un beau matin, l'idée me vient de faire à la radio une émission pour les scouts. Jean-Vincent Bréchignac, directeur de *Paris-Inter*, m'aimait bien. Je demande une audience, il me reçoit et je lui dis tout à trac :

— Monsieur le Directeur, je voudrais faire une émission pour les scouts.

— Pour les scouts ?

— Oui, pour les scouts, une émission magazine, tous les jeudis, pour les scouts, c'est une bonne idée, non ?

Comme d'habitude, en tout cas pour moi, avant chaque coup de gong du Destin, il s'établit un très long silence comme si le Destin lui-même réfléchissait avant de mettre en action ses énigmatiques mécanismes. Ce silence fut rompu par un :

— On verra ça… Promulgué sur un ton neutre et laconique.

Je sors du bureau directorial en me disant : *C'est cuit, tu as encore fait une connerie !* et je n'y pense plus. Quinze jours plus tard, convocation de J. V. Bréchignac dans son bureau.

— Kiriloff, faites-moi une maquette de votre projet d'émission pour les scouts, pas plus de quinze minutes que j'écouterai dans huit jours.

Je ne trouve qu'à balbutier :

— Merci, Monsieur le Directeur.

Exit du bureau, je me dis : *Tu es vraiment encore plus inconscient que tu ne le pensais, dans quelle galère as-tu été te fourrer ? Avais-tu bien besoin de déclencher cette mécanique ?*

J'ai réalisé la maquette et mon émission scoute a été programmée le jeudi de treize heures trente à treize heures quarante-cinq.

Ça s'appelait *L'Appel scout*. Il y avait plein de rubriques, d'échos, de nouvelles sur la vie des troupes scoutes… Je me revois encore à la discothèque de la *Radiodiffusion*, écoutant des disques, choisissant des musiques. J'ai retrouvé deux ou trois photos où l'on me voit parler au micro, c'est tout. Aucune trace sonore ne subsiste, semble-t-il, aucun document écrit non plus. J'ai dû en faire une cinquantaine, ou moins, ou plus. Et puis, petit à petit, mon émission scoute s'est désagrégée, évanouie, pour quelles raisons ? Je suis bien incapable aujourd'hui de le dire. Par contre, je ne me souviens pas avoir ressenti ni regrets ni nostalgie. L'oubli a jeté son manteau aveugle sur ce bien étrange épisode. Sic transit !

Jeune technicien, seul dans son studio entre deux séances d'enregistrements, entre un copain acteur :

— Salut ! Dis donc, j'ai un ami qui s'occupe d'une pièce qu'on répète en ce moment au Théâtre de l'Œuvre, la pièce se passe pendant la guerre, il aurait besoin de bruitages, peux-tu t'en occuper ?

— Si tu veux, il a besoin de quoi au juste, ton copain de théâtre ?

— Tiens, voilà.

Il m'a fait une liste, l'ordre des bruitages et leur durée.

Je déplie le papier qu'on me tend : une liste bien faite, très bien faite, impeccable. Le contenu : des explosions de bombes, des sirènes d'alerte, des rafales de mitrailleuses, coups de fusil, des bruits de soldats marchant au pas, etc., bref, tout l'arsenal traditionnel propre à recréer les ambiances sonores d'une pièce sur la guerre. Je vais farfouiller dans la Discothèque et je choisis les bruitages qui me semblent les meilleurs. Au pif, j'essaie d'imaginer l'ambiance de cette pièce inconnue. Je me fais dans ma tête et dans mes oreilles une mise en ondes idéale et je donne trois jours après au copain un jeu de disques souples où tout est gravé le mieux possible. Je reçois le surlendemain une longue lettre à en-tête du Théâtre de l'Œuvre. Bien sûr, on me remercie, on me remercie énormément, on m'invite à venir voir la pièce et à écouter mon travail, on me remercie à nouveau. La lettre est signée d'un certain Roger Harth, Secrétaire général du Théâtre de l'Œuvre. Et, bien sûr, je n'y vais pas. Les jours s'empilent sur les jours, le temps passe et j'oublie tout ça. Ainsi, la première pièce de théâtre dont j'ai fait les sons, dont j'ai assuré le décor sonore, cette première pièce, je l'ai faite par personne interposée, je l'ai faite et je ne l'ai jamais vue. Je n'ai jamais entendu mon premier travail sonore théâtral. Et qui plus est, ce nom de Roger Harth, signataire de cette lettre, ne me disait absolument rien. Pourtant… j'avais vu au Théâtre de l'Atelier, le Concours des jeunes compagnies. Toujours dingue de théâtre, j'allais de contrôle en contrôle, me présentant avec un culot d'enfer comme le critique dramatique de je ne sais quel journal inconnu, inventé par mon imagination, demandant toujours à être placé gratuitement sur un quelconque strapontin. J'atterrissais régulièrement dans un bon fauteuil d'orchestre. J'osais et ça marchait à tous les coups. Bref, je ne savais pas du tout ce qu'était le Concours des jeunes compagnies. Mais, dans tout le lot de la dizaine de pièces représentées, une seule chose m'avait fait un effet énorme : un superbe décor, plus exactement une série de décors réalisés entièrement avec des rubans multicolores qui tombaient du haut de la scène, suggéraient différents lieux, évoquant des maisons, des arbres, que sais-je encore. L'effet était étonnant, le résultat surprenant, indéniablement d'une grande poésie et encore aujourd'hui totalement impossible à évoquer.

Le plus étrange, c'est que je ne vis que ces décors en rubans, quant au spectacle lui-même, aucun souvenir, aucun souvenir de la pièce, des acteurs, de la mise en scène. Quarante-cinq ans après, j'ai toujours devant les yeux ces rubans enchanteurs se découpant sur les pendrillons de velours noir qui encerclaient la scène. Snobé, je me disais que le mec qui avait inventé tout ça, uniquement avec des rubans, avait un sacré talent.

J'ai d'abord vu une pièce d'Alfred Fabre Luce, son titre : *Mort pour rien*. Elle a été représentée pour la première fois le 28 octobre 1950, la mise en scène était de René Rocher et les décors étaient signés Roger Harth.

Les décors en rubans qui m'ont tellement impressionné, c'est une pièce de Jean Joual intitulée *Philippe Roi*. Elle a été représentée les 28 et 29 juin 1950, dans une mise en scène de Jean Le Poulain, les décors en rubans étaient signés Roger Harth.

Le Café de Flore, Saint-Germain-des-Prés, époque bénie, j'y ai entendu pour la première fois chanter Juliette Greco, Boris Vian y jouer de sa *Trompinette*, Jean-Paul Sartre, les *Mardis*, au premier étage de ce café historique, nous parler de l'*Existentialisme*. Quand je n'étais pas à la *Radiodiffusion* j'étais au Flore et quand je n'étais pas au Flore c'est que j'étais à la Radio. Le Flore, c'était mon Q.G., mon havre de grâce et je ne dis que l'essentiel.

Nous sommes en novembre 1950, il est dix-sept heures. Je suis assis à la terrasse du Flore, je sirote un quart Vittel, quand un quidam que je ne connais, ni des lèvres, ni des dents, se plante devant moi. Le Quidam :

— Que c'est drôle, il y a une heure j'étais dans votre bureau, vous ne m'avez pas dit que vous veniez au Flore !

— Il y a une heure, je n'étais pas dans un bureau, j'étais à la Discothèque de la Radio, rue de l'Université.

Le quidam insiste, le quiproquo s'épaissit, il admet à demi son erreur de personne, n'est convaincu qu'à demi et finit par me dire :

— C'est inouï, alors vous avez un sosie, mais, lui porte des lunettes, dans son bureau il avait des lunettes, j'étais persuadé que vous étiez lui sans les lunettes de l'autre.

Ce charabia fumeux m'agace.

— Non, encore une fois non, je suis, moi, technicien à la radio et quoi qu'il en soit, jamais dans un bureau, et ce monsieur à lunettes qui me ressemble tant, où est-il, où est ce fameux bureau ?

Le Quidam :

— Son bureau est au Théâtre de l'Œuvre, il en est le Secrétaire général, il s'appelle Roger Harth, mais encore une fois la ressemblance est étonnante. Excusez-moi pour cette méprise.

Une bombe explose dams ma tête ! Roger Harth, les bruitages pour la pièce du Théâtre de l'Œuvre, les décors du Concours des jeunes compagnies et maintenant cette soi-disant ressemblance invraisemblable, tout ça devient plus qu'étrange. Tout à coup, sans l'ombre d'une raison valable, mû par je ne sais quel ressort, sous l'impulsion de je ne sais quel déclic, je décide d'aller voir de près la tête de l'autre, de ce soi-disant sosie. Quelle tête avais-je avec des lunettes ? Quelle tête avait-il, lui, sans lunettes, pour que l'on nous prenne avec tant d'acharnement l'un pour l'autre ? Vingt heures trente Cité Monthiers, le hall minuscule du Théâtre de l'Œuvre, dans la boîte à sel, un jeune homme blond, comme moi, les cheveux coupés en brosse, comme moi, lunettes d'écaille, costume cravate style Sciences Po, bref, très BCBG.

— Bonsoir, je suis Fred Kiriloff, je travaille à la Radio, c'est moi qui vous ai…

Une voix sèche coupe net ma phrase.

— Vous voulez voir la pièce ?

Et sans un mot de plus, il griffonne quelque chose sur un petit bout de papier qu'il me tend.

— À la fin du spectacle, je vous attendrai, nous irons prendre un verre.

Si le ton est poli, il est sec, presque cassant, on ne m'invite pas, on m'ordonne. Sur le petit bout de papier qu'il m'a tendu du haut de sa boîte à sel, deux mots et une signature : *LAISSEZ-PASSER Roger Harth.*

Nous sommes à la fin novembre de 1950. Roger nous a quittés il y a dix-huit ans, terrassé par un irrémédiable cancer. Depuis cinquante ans, ce petit morceau de papier, ce *LAISSEZ-PASSER* cabalistique, est dans mon portefeuille. *IL NE M'A JAMAIS QUITTÉ.*

La pièce de Fabre Luce pour laquelle j'avais travaillé par

correspondance n'était plus à l'affiche. J'allais assister à une représentation de : *La Neige était sale*, pièce psychologico-policière de Frédéric Dard, mise en scène par Raymond Rouleau. En pénétrant pour la première fois de ma vie dans ce Théâtre de l'Œuvre, en m'asseyant dans un fauteuil du balcon, j'ignorais alors, et pour cause, que cinq années de ma vie allaient se dérouler dans ce lieu inconnu pour moi. Roger Harth paraissait dans cette pièce, il y tenait un tout petit rôle. Je ne l'ai pas remarqué parmi les autres acteurs et si je l'avais remarqué, je ne l'aurai pas reconnu. La pièce terminée, il était bien là, il m'attendait. Le théâtre vidé de ses spectateurs, il coupa l'électricité, ferma les grilles à clé et sans nous dire un mot, nous sortîmes de la Cité Monthiers par le porche de la rue de Clichy. Nous fîmes quelques pas jusqu'à l'angle de la rue de Parme.

— Montez !

Je n'en croyais pas mes yeux, je rêvais tout éveillé : il avait une voiture. J'étais médusé. Nous prîmes un verre au Wepler et de monosyllabe en syllabe, de syllabes en mots, de mots brefs en phrases courtes, nous finîmes par parler, parler, parler pendant deux ou trois heures. Que nous sommes-nous dit ? Nous ne nous connaissions pas, l'un de l'autre nous ne savions rien, nous avons dû probablement parler de théâtre ou d'autres choses.

Le souvenir de cette première rencontre demeure pour moi presque irréel. Ce qui demeure en ma mémoire, c'est une voix ponctuée d'intonations autoritaires, une voix coupante qui devient soudainement mélodieuse, presque musicale et qui de nouveau se glace. Deux yeux bleus au regard pénétrant, hypnotisant, aigu, qu'un éclair de malice adoucit un instant et qui tout aussitôt, transperce comme un poignard, un visage à l'ovale harmonieux, aux traits réguliers quasiment immobiles, un front volontaire, têtu. Un sourire qui de loin en loin ne demande qu'à illuminer ce visage impassible, s'esquisse et avorte.

Cette sensation de dualité provoquait en moi l'impression bizarre de deux êtres, imbriqués l'un dans l'autre, emboîtés, superposés plutôt, dont l'aspect extérieur volontairement rigide, voire glacé, se voulait contrôlé en permanence. Peut-être tentait-il de dissimuler une tendresse généreuse, une inépuisable bonté qui ne semblait pouvoir s'exprimer qu'au travers d'une pudeur malhabile, gauchement cocasse et touchante à l'excès. J'ai su plus tard qu'il était protestant. En 1955 Gabriel Arout écrit :

Roger Harth, l'œil bleu, vif, lucide, un tantinet insolent derrière ses lunettes, pâle et mince, le cheveu blond fou, on dirait un étudiant égaré dans les coulisses de théâtre par quelque passion funeste et secrète.

C'était troublant, j'en ai la chair de poule.

Dans la voiture qui me ramenait vers ma chambre de bonne près de la place de Breteuil, je lui proposai inconsciemment, peut-être en forme de remerciement, de refaire à neuf périodiquement le jeu de disques de la musique de scène de *La Neige était sale* qui à mon oreille avait une qualité technique déplorable. Je ne me souviens pas d'un acquiescement ni d'un refus mais, je me revois vers trois heures du matin descendant de sa voiture devant mon immeuble de la rue Rosa Bonheur, décontenancé, ne trouvant qu'à balbutier un *bonsoir* quasiment inaudible. Il m'a souhaité bonne nuit, sèchement, et sa voiture a disparu à l'angle de la rue. Je ne savais pas où il habitait, je ne comprenais pas pourquoi nous avions tant parlé, et surtout si tard. J'étais sûr de le revoir jamais.

La vie roule son train-train et voilà Noël qui arrive. Je décide de faire un simulacre de réveillon dans ma chambre de bonne. Cinq ou six copains, c'est tout. Et j'ai fait une chose folle ou du moins que j'ai cru folle et que personne ne pourra jamais expliquer : pourquoi ai-je convié Roger Harth à mon réveillon ? Quel mécanisme s'est soudainement déclenché et m'a fait faire cet acte en somnambule ? C'est par un petit mot adressé au Théâtre de l'Œuvre que je l'invitai à venir réveillonner si le cœur lui en disait. En glissant l'enveloppe dans la boîte aux lettres de la place de Breteuil, j'eus le pressentiment étrange de déclencher un mécanisme inconnu. L'enveloppe avalée par la boîte me fit soudain peur puis je revins sur terre. Je me dis que j'étais stupide, qu'il avait mille autres choses de mieux à faire ce soir-là que de grimper sept étages et de toquer à une porte en bois. Il faisait du théâtre, on devait sûrement se l'arracher. Il devait avoir au moins huit ou dix invitations plus séduisantes les unes que les autres. Qu'irait-il faire chez un petit technicien de radio entrevu quelque temps auparavant ?

À mon réveillon je m'ennuyais ferme, les quelques copains qui étaient là n'arrivaient pas à me faire passer le temps. J'avais beau faire bonne figure, feindre la gaieté, j'étais tenaillé par une sorte d'angoisse, chaque minute pesait un siècle et je regrettai cette initiative absurde, c'était sinistre, en tout cas pour moi. Vers deux heures du matin, on frappe deux coups secs, impératifs, contre ma petite porte de bois, j'ouvre, stupeur, dans l'encadrement de la porte la silhouette de Roger Harth se découpe sur le fond noir du couloir, le teint légèrement blême, le sourire coincé, manifestement mécontent de trouver chez moi du monde. Sur un ton qui n'admettait pas la réplique, il me murmure :

— Fais-les tous partir, je veux te parler.

La voix est blanche, autoritaire, ce premier tutoiement de sa part, surprenant. J'improvise, je raconte n'importe quoi et je liquide illico presto tout mon petit monde, le tout enrobé de mille excuses toutes aussi fumeuses les unes que les autres.

Nous sommes tous les deux dans ma chambre, pour la première fois seuls. Et cette nuit de Noël s'est terminée au midi du jour de Noël, et cette nuit jusqu'au midi du jour de Noël reste le plus beau souvenir de ma vie.

Il est parti passé midi pour le traditionnel déjeuner de famille, m'a-t-il dit avant d'aller à son théâtre jouer en matinée et en soirée. De sa voix coupante, il m'intimait l'ordre d'aller l'attendre à dix-sept heures trente au théâtre après la matinée. Entre la matinée et la soirée, on verrait ce que l'on ferait, me dit-il. C'était sans réplique. J'ai attendu la fin de la pièce dans un fauteuil du balcon. Entre la matinée et la soirée, nous sommes retournés dans ma chambre de bonne et de nouveau nous avons beaucoup parlé. Petit à petit la carapace se disloquait par morceaux, la forteresse protestante se fissurait. Je pressentais de loin un Roger totalement différent de ce qu'il m'avait jusqu'alors laissé apparaître, un sourire d'une tristesse colorée d'ironie, un regard doux, railleur, zébré de lueurs malicieuses, une voix enjôleuse, un rire enfantin, une mobilité de visage surprenante et chose encore plus insolite, un humour cocasse, vitriolesque et pour tout dire insoupçonnable. Une intelligence suraiguë, une conversation rapide, vive et souple, et surtout, surtout, mais ça, je ne l'apprendrai que plus tard, un savoir encyclopédique gigantesque. Dans tous les domaines que ne m'a-t-il pas appris et que je lui en suis reconnaissant ! Sous le charme, je ne pensais même pas à me poser ces questions élémentaires : pourquoi était-il encore ici, dans ma chambre ? Pourquoi parlait-il tant ? Quel effet lui faisais-je donc pour qu'il ait une si grande envie de ne pas me quitter ? Quel attrait exerçait sur lui ce jeune technicien du son ? Quels surprenants rapports s'établissaient-ils entre nous deux ? Quelle complicité mutuelle se faisait-elle jour ? Quels sentiments, pudiquement tus, nous ligotaient-ils déjà ? Toutes ces questions n'ont jamais eu vraiment de réponses, rien de tout cela n'a jamais été dit entre nous à voix haute, tous ces liens tissés lentement, à notre insu, nous n'en avons jamais parlé vraiment, mais nous les avons tissés ensemble ces liens, à travers les tribulations d'un incessant échange de nous-mêmes, sans bien nous en rendre compte, sinon de leur essentielle réalité. Il est retourné au théâtre pour sa représentation de la soirée et, bien sûr, je suis allé l'attendre à la fin de la pièce. Nous sommes allés dîner ensemble tous les deux et nous sommes de nouveau revenus dans ma chambre. Il semblait ne pas vouloir en partir. De jour en jour, sans que nous nous en rendissions vraiment compte, le même rituel se renouvelait, si le soir je travaillais, il venait me chercher au studio sinon c'est moi qui allais l'attendre au théâtre.

La Neige était sale, du moins la fin de la pièce, l'ai-je vue et revue ! Et puis la représentation terminée, c'est nous qui fermions le théâtre. Je ne lui ai jamais donné la clé de ma chambre de bonne. Pour quoi faire, nous étions tout le temps ensemble. Au cours de nos interminables conversations, je voyais petit à petit sa famille prendre forme. Sa mère, fille de grands banquiers protestants, son père, commerçant, exportateur, ancien élève de HEC, protestant, son grand-père de même, protestant. Roger, l'aîné, avait trois frères, entre lui et son second frère, une différence d'âge de dix ans, entre Roger et le puîné, quinze ou seize ans d'écart, presque une génération. Détail très important, en qualité d'aîné, il était traditionnellement destiné à succéder à son grand-père et à son père à la tête de l'entreprise familiale. Comment pouvait-il en être autrement dans la logique pragmatique de son père ? Mais ce que personne ne soupçonnait et encore moins ses parents, c'est que ce sacro-saint droit d'aînesse qui lui assurait la future direction de l'entreprise familiale, lui, Roger, l'aîné de la famille, il n'en avait cure. Le *Bélier* avait décrété, net et sans appel, qu'il ferait du théâtre et qu'il ne s'occuperait jamais de commerce et la Maison Harth continuerait d'exister sûrement mais sans lui. Face à ce coup de tête, son père fit semblant de pactiser pour autant qu'un diplôme de l'école des Sciences-Politiques concrétiserait ce marché et que le temps, les études et la réflexion mèneraient la brebis, pardon le *Bélier* égaré, au bercail des affaires familiales commerciales. Las ! Les études terminées, le diplôme de Sciences Po en poche, l'enfant terrible de la famille, l'indomptable amoureux du théâtre alla mettre son diplôme sur le bureau de son père en disant simplement : *Voilà !* et dans le même temps se fit engager par Lucien Beer, directeur du Théâtre de l'Œuvre, comme homme à tout faire. Et en effet, pendant des années dans ce théâtre, il y fit tout, il y apprit tout. Son père accusa le coup sans sourciller, mit son mouchoir par-dessus, n'en pensa sûrement pas moins, et cet homme supérieurement intelligent laissa aller les choses. Le père avait respecté le choix du fils, le fils en aurait une reconnaissance éternelle envers son père. Rien dans leurs rapports ne changea jamais et, caractéristique rarissime de cette famille exceptionnelle, on n'en parla jamais plus.

Tout me semble être arrivé hier ou avant-hier, au plus tôt. Je suis l'anticourbure du temps einsteinien, c'est comme ça, on ne se refait pas, voilà !

Et ici commence une assez longue période de double vie professionnelle. J'avais proposé à Roger d'entretenir les disques de la musique de *La Neige était sale* et je menais à bien cette petite tâche tout en continuant mon travail à la Radio. À force de ne pas quitter Roger ou tout au moins, le moins possible et vice versa, je le suivais à la trace ou plus exactement mes pas dans les siens. Question : où conduisaient ses pas ? Réponse : à ses copains de théâtre, bien évidemment. Aspiré dans son sillage, la première personne sur laquelle je me télescopai, c'est forcément sur son meilleur ami, sur un étrange personnage pour ne pas dire un personnage étrange, Jean Le Poulain.

Le Poulain, de la seconde où je le vis, me fit peur. J'ai beaucoup plus travaillé avec lui que Roger et paradoxalement hors du travail, pendant trente-cinq ans, nous n'avons rien eu à nous dire hors du boulot, jamais à haute voix. Notre dialogue, car il y a bien eu dialogue et pratiquement permanent, a été un dialogue *occulte*. Jean et moi, nous communiquions dans un brouillard. Je savais tout de lui, plus exactement, je pressentais, je devinais tout de lui, des choses les plus exotériques aux plus cachées, aux plus secrètes et il savait que je savais et je savais qu'il savait. C'était une complicité muette, une conversation sans mots réels, concrets, une communication fluidique, un peu comme une émission-réception-émission à la manière hertzienne. Mais comprenne qui veut et surtout qui peut.

Dame ! J'étais très vite devenu irremplaçable, indispensable. Des décorateurs, on en trouve, mais un jeune gars du son qui aime le théâtre, qui a des idées, qui les défend, qui ne cède pas, qui, manipulant le son, ne se trompe jamais, c'est une aubaine ! Roger apportait sans vraiment s'en rendre compte, un nouveau sonorisateur à un jeune loup, superbe comédien, jeune metteur en scène à l'avenir plus que prometteur, acteur à la fois et dramatique et comique, cas rare, avec dans ses mains les clés de toutes les serrures des portes de la gloire. Il a tout saccagé, au lieu d'ouvrir les portes, il les a verrouillées à double tour, cadenassées à jamais. Il s'est forgé de ses mains sa prison, son enfer, son karma. Il est d'une certaine façon *arrivé*. Oui, il est *arrivé*, mais dans quel état, à quel prix et au prix de quoi ? Et quelle en sera l'issue ? J'en frémis et je ne veux surtout pas le savoir, j'aurais trop de peine. C'est un monstre sacré, doté d'une science du théâtre peu commune et quand il en a envie, quand il le veut, d'une efficacité de béton. La faille, sa pierre d'achoppement, un appétit boulimique, irrépressible du fric, de l'argent, une âpreté au gain qui va jusqu'à l'aveuglement, à démantibuler la merveilleuse machine à créer, le fric à biseauter les cartes et piper tous les dés qui étaient dans son cornet. Jean était une personnalité de génie, une personnalité super forte, une personnalité dont le destin tout entier était voué à la création. Hélas, pour gagner trois francs six sous, le grand bonhomme de théâtre a cédé peu à peu à un mercantilisme professionnel qui laisse un goût d'amertume, un immense regret, une profonde tristesse. Y aura-t-il rachat ? Y aura-t-il des résurgences du génie étouffé ? Je l'espère, j'ose l'espérer mais quel karma à purger ! Quelle facture à régler ! Faut-il raconter l'implacable acharnement de Jean Meyer à ne pas engager Le Poulain à la Comédie-Française malgré ses deux premiers prix éclatants au Conservatoire comme c'était à l'époque la tradition ? Faut-il raconter que Le Poulain dut attendre trente ans pour pouvoir, après le décès de Jacques Charon et le départ de Robert Hirsch de la maison, se faire engager au Théâtre Français malgré une polémique contestataire des Sociétaires ? Faut-il raconter l'histoire de cette vengeance qui l'a mené jusqu'à être nommé au poste suprême d'Administrateur général de la Maison ? Faut-il raconter que cette Comédie-Française qu'il avait tant désirée aurait raison de sa vie et deviendrait son cercueil ? Faut-il, vraiment, raconter cette noire saga ?

Je lui dois tout, je lui dois vraiment tout. C'est le premier qui par la force des coïncidences, m'a fait confiance. Bien sûr, il m'avait sous la main, il s'est servi de moi sans vergogne mais au fil de nos premiers spectacles, il m'a formé, il m'a modelé à sa façon, façon théâtre. Jeune apprenti, je lui ai apporté le son brut, en maître, en magister, il m'a appris à l'adapter à la scène. Dans l'athanor de nos créations, le bouillonnement de nos crises, de nos hurlements, de nos engueulades, il m'a montré qu'il savait se servir du son, de l'efficacité dramatique des bruits, de la puissance émotionnelle de la musique. Je le dis et je le redis : très peu, je dis bien très peu de tous les metteurs en scène avec lesquels j'ai collaboré, ont eu ce sixième sens théâtral du décor sonore, pas plus d'ailleurs que du décor tout court.

Comment Le Poulain et Roger se sont-ils connus ? Roger, bien sûr, voulait être acteur et pour ce faire, élève du Cours Escande un an avant moi, peut-être deux. L'idéal théâtral de Roger : La Comédie-Française. Le chemin était simple pourtant, l'examen d'entrée au Conservatoire, les trois années d'études, le concours de sortie, un ou deux premiers prix de comédie, éventuellement de tragédie et l'engagement quasi automatique en qualité de pensionnaire de la Comédie-Française pour un an minimum. Bien sûr, une fois dans la Maison, on n'aspire qu'au sociétariat qui vous lie par-devant notaire pour vingt ans et souvent plus à la Société des Comédiens Français. Une fois nommé sociétaire, l'heureux élu continue de rêver, il rêve aux douze douzièmes de la part entière. Ah ! Être sociétaire à part entière, c'est la gloire, la consécration, l'apothéose. Roger se présenta à l'examen d'entrée du Conservatoire et, hélas ! se fit recaler au second tour des sélections. Le choc, la désillusion furent terribles, la souffrance intolérable, la blessure ne sera jamais cicatrisée. Au lieu de contourner l'obstacle, d'exorciser le mauvais sort, d'exercer sur les théâtres dits de boulevard ce qu'il croyait être son métier de comédien, Roger se cabra et le *bélier* fit un blocage. Pour lui, sa carrière de comédien devait être la Comédie-Française ou rien. Ce ne fut rien. Champion dans ce cas malheureux du libre arbitre, il ensevelit sciemment, au plus profond de lui-même, l'acteur avorté. Je me répète et je continue encore aujourd'hui de dire : hélas !

Le Poulain, lui, sortait triomphant du Conservatoire avec deux premiers prix mais comme pour Roger, la Comédie-Française n'en voulut pas. L'échec fut cuisant mais, contrairement à Roger, il alluma chez cet être irréductible la petite flamme de la rancune qui se transforma en brasier ardent de la vengeance. Il finirait bien par y entrer à cette Comédie-Française qu'il convoitait tant, il y entrerait en vainqueur contre tout et tous, la vengeance consommée ! Et encore ! Comme les extrêmes immanquablement se rejoignent, le recalé de l'entrée au Conservatoire et le laissé-pour-compte de la Comédie-Française se tombèrent dans les bras l'un de l'autre. Le Poulain *savait* jouer la comédie, Roger *savait* admirablement dessiner et peindre. Tout naturellement ils fondent une compagnie et montent des spectacles. La Compagnie théâtrale Roger Harth-Jean Le Poulain était née.

Premier spectacle : le Concours des jeunes compagnies en 1950 au Théâtre de L'Atelier, ils présentèrent *Philippe Roi* de Jean Goudal dans les décors en rubans qui m'avaient tant frappé.

Ces deux personnalités devaient pendant trente ans, ensemble, et moi un peu plus tard, donner au Théâtre avec un grand T, quelques-uns de ses moments les plus percutants. Catapulté au Théâtre de l'Œuvre par une succession de tribulations vaudevillesques, mécanismes qu'emprunte ce que j'appelle volontiers le *Destin*, Roger y entraîna tout de go Le Poulain et moi. Le Théâtre de l'Œuvre a tout appris à Roger, beaucoup à Le Poulain, énormément à moi. Cette ancienne salle de concert transformée en théâtre par Lugné-Poe et Paulette Pax était dirigée de main de maître par un petit homme maigre et sec qui, sous des dehors glacés, camouflait maladroitement un cœur en or. Ce petit homme maigre et sec s'appelait Lucien Beer.

Lucien Beer plut à Roger Harth, très important, et Roger Harth plut à Lucien Beer, moins important. Dès cet instant ce curieux tandem s'entendit comme larrons en foire. Maintenant et par quelles manœuvres savantes Roger manipula-t-il Lucien Beer ? Mystère. Mais la toute jeune Compagnie Harth-Le Poulain trouva dans ce théâtre un havre de grâce, un port du salut et surtout la possibilité de monter des spectacles et cela, est-ce nécessaire de l'indiquer, sans un sou vaillant, bien entendu. Grâce à Lucien Beer, la jeune compagnie trouva la possibilité de monter des spectacles le jour de relâche du théâtre et ce jour de relâche devint très rapidement célèbre sous la dénomination des *Mardis de l'Œuvre*. Lucien Beer prêtait son théâtre, payait l'électricité, mettait son personnel à la disposition de la Compagnie, le tout sans avoir l'air de n'y pas toucher comme par distraction. Le Poulain et Roger montaient des spectacles qui se jouaient les quatre mardis du mois, répétaient la nuit et l'après-midi Roger faisait avec rien, je dis bien rien, des décors et des costumes stupéfiants d'imagination et d'ingéniosité.

Dans *les Mardis de l'Œuvre*, on a monté du Ghelderode, du Marlow, du Supervielle, on a monté des auteurs contemporains, Boris Vian, *Mademoiselle Julie* de Strinberg. C'est ce qu'on appelait du *théâtre labo*, du *théâtre laboratoire*, c'était totalement confidentiel, c'était dans de petites salles avec cent cinquante personnes, ce n'était pas un théâtre commercial. J'ai toujours dit qu'au Théâtre Babylone avec Jean-Marie Serreau, on a mangé pendant trois, quatre ans, des sandwichs à rien. On montait ça avec pas un rond, on n'avait pas de subventions, on n'avait rien. C'était passionnant. Nous n'avons jamais cherché à gagner du fric, on nous donnait du fric, on avait du fric, on nous donnait pas de fric, on n'avait pas de fric. Mais on était passionné par les pièces qu'on montait.

Premier spectacle des *Mardis de l'Œuvre* : *Barrabas*, auteur Michel de Ghelderode, grand auteur dramatique contemporain belge, totalement inconnu en France. *Barrabas* fait un triomphe. Deuxième spectacle de ces *Mardis de l'Œuvre* : *Magie Rouge*, auteur Michel de Ghelderode, encore lui ! Encore une création, encore un triomphe.

Je n'applaudis pas, je n'en ai pas le loisir, je fais mes débuts officiels et sonores au théâtre, ce sont mes vrais premiers spectacles. Je ne dis pas l'état dans lequel j'étais, totalement inconscient, parfaitement inexpérimenté, mort de trouille, oscillant sans transition de l'enthousiasme au désespoir, des délices à l'angoisse, de l'exubérance au trac indescriptible, bref, je n'étais pas flambard !

Réaliser le montage sonore de *Magie Rouge* ! La musique ? Un melting-pot de *Pierre et le Loup* de Prokofiev, c'est une idée de Roger, beaucoup d'effets sonores, de bruitages et des passages du texte de la pièce enregistrés, inventions de metteur en scène Le Poulain. Tous ces morceaux de texte ont été enregistrés dans les toilettes carrelées des studios de Jean-Jacques Vital. On obtenait dans ces toilettes un effet d'écho sonore incomparable. Comme je travaillais normalement le jour, c'est pendant des nuits entières que Le Poulain, Pierre Mondy, Claude Gensac ont hurlé leur texte dans cet endroit pour le moins insolite où d'habitude le silence et la discrétion sont monnaie courante, si j'ose dire ! Les studios de J.J Vital que je squattais la nuit étaient équipés de magnétophones, à l'époque innovation révolutionnaire qui facilitait au maximum le traitement des sons. Hélas pour moi, le matériel sonore du Théâtre de l'Œuvre ne se composait que de deux tourne-disques minables assortis de deux haut-parleurs qui n'avaient de haut-parleurs que le nom, je n'en dis pas plus, c'était l'horreur. Je transcrivais comme je l'avais fait pour *La Neige était sale*, tous mes sons du magnétophone sur des disques 78 tours et c'est Roger, tout à la fois décorateur, costumier, régisseur, machiniste, éclairagiste et manipulateur des tourne-disques qui, en homme-orchestre, conduisait le spectacle. Écrire et raconter ce que faisait mon pauvre Roger n'est pas possible, il fallait voir, il fallait surtout *LE* voir ! C'était surhumain, surréaliste. Il était partout à la fois, au rideau, aux changements de décor, aux projecteurs, aux tourne-disques, homme protée des coulisses. Et c'est là qu'éclataient nos célèbres engueulades entre Le Poulain, Roger et moi.

L'énervement des répétitions, les tensions nerveuses sur-multipliées par les ardeurs juvéniles des protagonistes, la pression engendrée par ce fameux trac incompréhensible à ceux qui ne font pas ce métier. Le scénario était devenu quasiment légendaire : je hurlais après Roger qui n'exécutait pas ce que je souhaitais avec mes sons, Roger hurlait après Le Poulain l'obligeant à changer sa mise en scène en fonction de ses éclairages, Le Poulain éructait après Roger et l'accusait de saboter son travail, pour couronner le tout, Le Poulain et moi nous nous insultions à propos de telle musique ou de tel effet sonore que nous ne voyions pas au même endroit de la pièce. Bien entendu personne ne voulait céder, c'était tragique et comique à la fois, défoulant pour nous trois, et surtout hilarant pour les autres. Bien évidemment, c'était toujours Le Poulain qui avec un calembour, un gag et son humour ubuesque remettait tout aux bonnes mesures.

Ici, je dois faire un *mea-culpa*. Je dois avouer une des plus grandes lacunes de ma carrière : je n'ai jamais enregistré une de ces mémorables engueulades où tout le monde s'envoie tout à travers la figure, palliatif du trac, de l'angoisse, soupape de sûreté du chaudron en surpression de la sorcellerie théâtrale. J'aurais sûrement une collection de documents uniques où le surréalisme côtoie le ridicule, la mauvaise foi, le dérisoire et avec le recul du temps, met au jour la véritable cause profonde de ces mascarades, une folle hilarité. Le Poulain, né et élevé dans sa prime enfance au Cambodge, depuis son adolescence a toujours été attiré par *l'étrange*, happé par la magie, envoûté par l'ésotérisme.

Le symbolisme flamboyant et noir des pièces de Ghelderode a été, je pense, sa première fascination intellectuelle.

Le mythe ésotérique de *Barrabas* d'abord, le contexte magico-alchimique de la transmutation de l'or dans *Magie Rouge* sont sûrement chez cet inquiétant réincarné une des raisons qui ont déclenché en moi ce sentiment de peur confuse, mal définie, qui dure encore. Le troisième spectacle des *Mardis de l'Œuvre* en 1952 est en quelque sorte le troisième volet de ce triptyque de l'étrange, la quête de cette âme tourmentée par l'irrationnel va lui faire concevoir une de ses plus belles mises en scène, peut-être la plus percutante. La pièce, il la trouve chez l'un des auteurs les plus mystérieux de la Renaissance anglaise, ami et élève de Bacon, ami aussi de Shakespeare. Ésotériste, grand initié, magicien, alchimiste, dramaturge, hétérodoxe pour le moins, Christopher Marlowe et sa *Tragique histoire du Docteur Faust* fournissent à Le Poulain l'argument idéal pour illustrer à la scène les images d'une œuvre puissante et baroque. Il s'incarne lui-même dans l'âme magique de Marlowe. Ne nous a-t-il pas publiquement déclaré et rebattu les oreilles qu'il en était la réincarnation contemporaine ! C'est d'une pièce à la construction dramatique bancale qu'il crée un spectacle d'une force et d'une beauté plastique surprenante. Le public des *Mardis de l'Œuvre* reçoit la pièce et sa transmutation scénique comme un coup de poing, et c'est de nouveau un triomphe. Une critique dithyrambique, unanime, porte aux nues le metteur en scène et l'interprète. Encore une fois l'on va encore me taxer de partialité ! Il ne me reste en mémoire que les décors archi simples et super ingénieux de Roger, ses costumes somptueux en toile de jute, et l'immense performance d'acteur qui était à l'époque et pour un peu de temps encore, le grand comédien dramatique qui s'appelait Jean Le Poulain. À n'en pas douter, il était au seuil de la gloire, le comédien et le metteur en scène étaient promis au plus brillant avenir, rénovateur en puissance, chef de file d'une nouvelle forme d'expression dramatique et d'une forme de langage scénique inédit. Le *Faust* de Marlow a été une création colossale, la mise en scène de Le Poulain est une mise en scène hypertrophiée. Il y avait des musiques, des bruits et, à un moment donné, Faust est confronté aux sept péchés capitaux. Le Poulain a eu une idée géniale. Il avait une copine qui faisait des marionnettes, il était allé trouver la copine. Dans la pièce, les sept péchés capitaux sont sept acteurs et comme on n'avait pas un rond, on n'était pas payé, pas question de trouver sept acteurs. On avait déjà trouvé les personnages au départ de la pièce qui n'étaient pas payés, Roger a fait le reste avec du carton découpé et Le Poulain dit :

— C'est pas grave, on va s'appuyer sur la bande-son, sur la musique.

Effectivement, toute la mise en scène était basée sur la musique. Les sept péchés capitaux, c'étaient des marionnettes et toutes les marionnettes avaient la voix enregistrée. Le Poulain faisait l'Avarice et la Luxure, un autre comédien faisait la Gourmandise, et ce fut un succès énorme. J'ai tout ramassé des critiques, Gautier a dit que j'avais fait un coup de maître.

À l'époque, la critique remplissait ou vidait. Quand on a fait le Marlow, après la sortie des critiques, au lieu de le jouer quatre fois, on l'a joué huit mardis de suite en refusant du monde. C'était bourré.

Hélas, le destin en avait décidé autrement. Reçut-il des avertissements, des rappels à l'ordre ? Lui seul pourrait le dire. Mais, volontairement et apparemment de son propre libre arbitre, Roger et moi nous vîmes s'amorcer petit à petit le dérapage, le glissement vers la facilité, la soif de l'or de *Magie Rouge* se transfusa dans ses veines et ne cessa de le harceler, galvaudant son talent au plus offrant. Éternellement consumé par la tunique de *Nessus* du profit, il s'en alla peu à peu à la dérive d'une destinée de leader, bradée à la facilité vaudevillesque. Le contrepoids, l'antidote, le contrepoison de ce crématoire éternel, le goût du pouvoir, d'un certain pouvoir et l'impérieux besoin de désacraliser l'acteur du ghetto théâtral, en un mot, l'irrépressible besoin d'être pesé à ce qu'il croit être son vrai poids, d'obturer le gugusse au bénéfice d'un être humaniste normalisé socialement. Les chemins empruntés sont obscurs, l'opiniâtreté y préside, la ténacité en est un des leviers. Tout compte fait, ce but tant convoité n'a-t-il été qu'entrevu ? A-t-il été atteint ? Ou n'est-il seulement qu'un miroir piège ? Psyché sans tain où contemplant de face ses illusions, de l'autre côté, dans l'ombre, voyant sans jamais être vus, les juges Heurtebise, tribunal iconoclaste, pèsent, statuent et délivrent des sentences muettes, foudroyantes, sans appel.

Mais remontons le temps ! Le point de départ, tout ça, c'est le Théâtre de l'Œuvre, c'est grâce à Lucien Beer. Si Lucien ne nous avait pas prêté le théâtre, on n'aurait jamais pu monter *Les Mardis*, on s'est fait connaître par *Les Mardis*.

Très rapidement nous avons vécu ensemble. Roger a fait des pièces où on n'avait pas besoin de moi et moi, j'ai fait des pièces où on ne lui a pas demandé de décors. Mais nous avons très très souvent travaillé ensemble. Roger peignait jusqu'à quatre heures du matin, il dormait le matin, moi, j'étais réveillé tôt et à sept heures j'étais dans mon atelier ou j'étais en studio, chacun bossait de son côté.

Roger peignait dans son bureau et moi, j'étais dans mes bandes dans mon atelier.

— Qu'est-ce que tu penses de ceci ?

— Qu'est-ce que tu penses de cela ?

On n'échangeait pas d'idées, c'était pratiquement invariable, que ce soit *Au théâtre ce soir* ou sur un théâtre de boulevard, quand je venais dans la salle, il venait s'asseoir à côté de moi et il faisait :

— Et alors ?

— Et alors quoi ?

—Et alors ?

Roger, impatient.

— Y a rien ? Ah bon ! Y a rien ?

— Ben non.

— Y a rien qui te gêne ?

— Non. Mais c'est pas fini ?

— Ben oui, c'est pas fini. Les rideaux aux fenêtres ne sont pas posés. T'as rien à dire ?

— Non, non, j'ai rien à dire.

— Ah bon, très bien.

Là, il se levait puis il partait.

Des fois je lui disais :

— Il y a un ton de tissu qui ne me plaît pas beaucoup.

— Mais c'est comme sur la maquette !

— Ce qui est sur quatre centimètres et qu'on retrouve sur quatre mètres de haut, ça fait une différence !

— Ah bon, alors faut changer ?

— Tu fais ce que tu veux, mais moi, je changerais.

— Ah bon, très bien.

Et il changeait.

Deux ou trois fois, je lui ai dit :

— C'est comment, la musique à cet endroit-là ?

Il m'a fait :

— C'est écoutable.

Si je le poussais un peu, il me disait :

— Adresse-toi au metteur en scène.

Il y avait une confiance, il disait :

— Ce n'est pas moi qui mets en scène.

Il aurait mis en scène, je crois qu'il aurait fait chier tout le monde. Il avait des idées très arrêtées. Si la pièce ne lui plaisait pas, il refusait, et moi aussi, quand la pièce ne me plaisait pas. On m'a donné des pièces, je disais :

— La pièce, je ne la sens pas du tout !

J'ai fait la connaissance des parents de Roger en pleine nuit, à trois heures du matin, dans l'antichambre de leur appartement. J'ai découvert le père de Roger en pyjama, la maman de Roger en chemise de nuit. Je n'ai pas pu articuler un mot, j'avais le souffle coupé. Je venais de me casser une côte en tombant de la scène dans la salle sur l'accoudoir d'un fauteuil du premier rang d'orchestre du Théâtre de l'Œuvre. Nous répétions *Anna Karénine*, mise en scène de Raymond Rouleau à deux heures du matin. C'est comme un poignard, aigu, effilé, un poignard shakespearien enfoncé jusqu'au manche dans ta poitrine. Impossible de parler, impossible de respirer. Ma côte cassée arrête la répétition. Le docteur de Rouleau débarque au théâtre, il est aphone. Rouleau s'énerve. Le docteur s'exprime par gestes, il fait de grands moulinets avec ses bras. Il rédige une ordonnance. Tout le monde parle à la fois pour tenter de la décrypter. J'ai toujours mal, à hurler. On finit par lire :

Bander la poitrine le plus vite possible — Stop — Comprimer les côtes — Stop — Tenter de faciliter la respiration — Stop — Consultation de nuit 50 francs — Stop — Fin.

Bien entendu au Théâtre de l'Œuvre, il n'y a rien pour comprimer des côtes cassées, même au magasin des accessoires. Le docteur essaie de parler, il ne peut pas. Il écrit : *Il faut le ramener chez lui*. Me ramener chez moi ? Impossible. J'habite une chambre de bonne, je ne pourrai pas monter sept étages. Comme la douleur m'empêche de parler, je le griffonne. On déchiffre mon billet. L'excitation générale est à son comble. Rouleau hurle :

— Et alors ? Qu'est-ce qu'on en fait ?

Roger a une idée :

— Je l'emmène chez mes parents, il dormira dans ma chambre.

Rouleau, de mauvaise humeur :

— À demain, nous répétons à dix heures du matin, ta présence est indispensable !

Cette phrase stupide : *Ta présence est indispensable*, combien de fois Rouleau nous l'a-t-il répétée pour rien. Sans coup férir Roger m'embarque chez ses parents, les réveille en fanfare. Avec sa belle autorité, il explique ce qui est arrivé, ce qu'il faut faire pour me soulager. Encore à moitié endormie, sa maman découpe frénétiquement dans un vieux drap de larges bandes de toile. Son père extrait de sa pharmacie une pommade mystérieuse. Il bâille et m'en tartine le thorax. À eux trois ils m'entortillent dans une cuirasse de textile, me couchent de force et vont sûrement en faire autant. Tout ça dans un grand mouvement de vaudeville. Tourneboulé dans tous les sens, dépassé par les évènements, groggy, je sombrai dans les bras de Morphée. En m'éveillant, c'est sa maman que je vis en premier. Toujours en chemise de nuit, elle m'apportait le petit-déjeuner sur un plateau. Tout en essayant d'avaler péniblement un café au lait, j'appris que Roger était déjà au théâtre dans les griffes de Rouleau. Il était donc plus de dix heures du matin et je me rendormis.

À midi, réveillé pour le déjeuner, toujours empaqueté dans mes bandes de toile façon momie égyptienne, vaguement habillé et toujours harcelé par la douleur, ne pouvant presque pas parler, j'essayais d'avaler de la purée de pommes de terre préparée par sa maman. J'apprendrai un jour que la purée de pommes de terre est la médication traditionnelle des malades de la famille.

Je suis resté deux jours, choyé, dorloté comme un bibelot précieux. J'avais comme une impression vague dans le brouillard de ce méli-mélo d'être un de ces enfants nouveau-nés abandonnés qu'on trouvait au Moyen Âge les nuits d'hiver sur les marches des églises. Quoi qu'il en soit, au bout de deux jours, je regagnai le Théâtre de l'Œuvre, *Anna Karénine* et ma chambre de bonne. Comment remercier ces parents étonnants surgis d'un conte de fées nocturne ? J'envoyai un gros bouquet de fleurs, le plus gros que mon porte-monnaie puisse assumer, accompagné d'une lettre où j'essayais de dire ma reconnaissance et ma gratitude. Leur sollicitude m'étonnait quand même un peu. J'appris bien plus tard que Roger avait cancané sur l'inconfort de ma chambre de bonne, la vétusté de mon sommier, le piteux état de mon matelas. Sa maman en avait été fort apitoyée, et sa bonté naturelle comme disait la Comtesse de Ségur, née Rostopchine, avait fait le reste.

En fin de compte, ma côte s'étant enfin ressoudée, la douleur ayant disparu, tout rentra dans l'ordre et, l'été suivant, Roger m'emmena passer les vacances à Cannes dans la villa de ses parents. En dehors de tout ce qu'on peut trouver dans une maison de villégiature, j'y découvris trois bambins, ses trois frères cadets, de dix, douze, quatorze ans. Tous les trois pensionnaires, pratiquement invisibles pendant l'année scolaire, mais par contre carrément présents l'été. François, l'aîné du trio, relativement calme et tranquille. Henri, le second, taciturne et pleureur. Pas pleurnichard, je dis bien, pleureur.

— Bonjour Henri, comment vas-tu ?

Il fondait en larmes et, entre deux sanglots, répondait :

— Bien. Et il reniflait.

Qui ? Quand ? Pourquoi l'avait-on affublé du surnom de Nif-Nif ? À cause du nom d'un des trois petits cochons de Walt Disney ? Le petit cochon pleurnichard ? Pour imiter le bruit de ses reniflements ? Je n'ai jamais bien su. Par contre, il pleurait pour un oui, pour un non, avec une inébranlable conviction. Le troisième, le puîné, Thierry-Teddy, Teddy-Thiery, on ne savait pas très bien comment l'appeler. Thierry, le turbulent, Teddy, le remuant, Thierry, l'infernal, Teddy, le coléreux. N'importe quand, n'importe où pour n'importe quel prétexte, naissait une colère. Et on s'agite et on trépigne, et on pousse des cris d'orfraie, de pygargue, de cochonnet qu'on égorge. Résignée, la famille espère que ça se passe en attendant que ça recommence. Roger, le super aîné, commis dans le rôle du gendarme Pandore, essayait tant bien que mal de régenter les trois petits diables. Il n'aimait pas du tout cet emploi, il y était fort mal à l'aise. Mais quand c'est trop, c'est trop et avec son caractère de bélier, il y a des limites à ne pas dépasser. Un soir de juillet Thierry pique une telle colère que, sans nous concerter, Roger et moi nous l'empoignâmes, nous le traînâmes de force dans le jardin, nous l'arrosâmes copieusement au jet d'eau froide et nous le collâmes de force dans son lit. Du salon, nous entendions ses hoquètements entrecoupés de sanglots de rage, nerveux ? Allons, disons, nerveux, car en dehors de ses caprices il était sympa comme tout. Il me semble bien, d'ailleurs, que ce fut sa dernière colère enfantine.

Hormis les allées et venues entre les plages et la villa, le tohu-bohu habituel de la maison, les cavalcades dans les couloirs, les portes qu'on claque, les rires, les cris, il y avait bien sûr les effrayants, les épouvantables, les inévitables devoirs de vacances. La pire trouvaille inventée par les grands pour gâcher le plaisir des petits. Je ne sais plus très bien ni pourquoi ni comment cela se fit, mais, si Roger jouait le gendarme Pandore et faisait les gros yeux, je jouais, moi, le pion, surveillant bénévole d'un mini-effectif de trois élèves dans la salle à manger familiale modulable en salle de classe. Comme il se doit, le point super faible, la maladie chronique des bambins, vous vous en doutez bien, l'*Ortografe*. À cela, un seul remède et un seul, des dictées, encore des dictées, toujours des dictées. Pour arriver à fixer tant bien que mal l'attention de mes élèves, j'avais imaginé le scénario de l'appât du gain. Question : qui résiste à l'envie de gagner quelques sous ? Réponse : personne. Mon système fonctionnait suivant ce barème : de zéro à trois fautes, je donnais un franc, de quatre à sept fautes, je donnais un demi-franc, de sept à dix fautes, vingt-cinq centimes. Au-delà de dix fautes d'*Ortografe*, je laissais au père de Roger le soin de morigéner ses jouvenceaux.

Chère Emma! La vieille cuisinière, aussi âgée qu'un daguerréotype, le pas trottinant, la voix chevrotante, grande prêtresse des casseroles et des fait-tout. Avec des hochements de tête incantatoires, elle nous préparait à Roger et à moi du vin de Kola :

— Buvez ça, mes petits, ça va vous requinquer.

Roger buvait avec délices et moi qui déteste le vin, je me débrouillais pour balancer la décoction dans le jardin. Pauvre chère vieille Emma, heureusement elle ne s'est jamais aperçue de rien. De temps à autre elle régalait la famille d'une recette dont elle n'a jamais voulu dévoiler le secret : *le Thon à la chartreuse*, mets rare, unique, dont il ne subsiste plus que le souvenir. Souvenirs… Souvenirs entassés au fil des étés à la villa *Colombine*.

Qui ne se souvient de tous les copains de Roger qui ont défilé dans cette maison bénie, accueillis à bras ouverts par ses parents. T'en souviens-tu, Le Poulain? T'en souviens-tu Robert Hirsch? Vous souvenez-vous, Ciccolini, Michel Renaud, Marc Doelnitz, Devay? Et les autres, tous les autres, vous souvenez-vous encore de cette maison du bon Dieu? La vie décline, tout se tempère avec le temps qui passe. Le calme fait place à l'exubérance des jeunes années. Des éclats de rire joyeux s'éparpillent en mille échos. L'écho s'abîme dans le silence et les souvenirs cèdent à la nostalgie. Fugitif, le temps des regrets ne serait-il qu'une fantasmagorie dérisoire?

Les répétitions du *Faust* de Marlowe, quelle aventure!

Ici, je vais de nouveau me répéter. Je m'en excuse et nous revenons sur un des lieux communs, s'il en fut, mais qui revêt une importance extrême pour bien comprendre le mécanisme complexe et imprévisible des mésaventures bonnes ou mauvaises qui émaillent les répétitions d'un spectacle. J'ai dit lieu commun, je devrais dire lot commun. En employant cette expression, je demande :

—Quel est le spectacle qui s'est monté sans hurlements, sans coups de gueule ?

Réponse :

—Aucun à ma connaissance.

Aux yeux du profane, cela peut paraître bien enfantin et quelque peu pusillanime mais je persiste, ils sont utiles ces éclats, ces orages vocaux, nécessaires, voire enrichissants, salutaires, pour mille raisons d'oxygénation physique et mentale car ces hurlements, ces éclats, sont toujours joués inconsciemment, cela va sans dire et plus étonnant encore, ils s'adaptent au caractère du personnage de la pièce qui, déjà, envahit l'acteur. C'est une des facettes des répétitions des plus salvatrices et cela est aussi valable à tous les échelons de ces étranges aspects de la création. En toute honnêteté, je dois dire que ce genre d'éclat est assez rare, il ne se manifeste généralement que dans les quelques jours, voire les quelques heures qui précèdent l'affrontement avec le public.

La création dramatique n'est pas autre chose que ce mystérieux et sublime affrontement d'une poignée de protagonistes défiant une hydre à mille têtes, invisible et implacable qui, sans que l'on sache vraiment pourquoi, condamne ou porte aux nues avec la même véhémence et pour des raisons aussi mystérieuses qu'inconnues qui défient toute logique, ce que l'on appelle parfois l'acte théâtral, partie de bras de fer renouvelée sans cesse, qui déclenche son mécanisme immuable depuis la nuit des temps et plonge ses racines émotionnelles dans l'inconscient collectif. Donc, on répète le *Faust* de Marlowe dans une ambiance fiévreuse, une excitation électrique, un bouillonnement volcanique aux relents soufrés. Ma bande sonore de *Magie Rouge*, que personnellement je trouvais parfaitement ratée, ne l'était pas autant que mon pessimisme viscéral me le répétait tout bas puisque Le Poulain me demande de faire rebelle avec *Faust*. Ou bien alors comme *Faute de grives on mange des merles* et comme j'étais là ! Va savoir ? Quoi qu'il en soit, c'est un montage sonore d'enfer que j'imagine. Le Poulain me laisse en paix pour trouver les musiques. Roger, qui voulait se mêler de tout, fourre son nez partout y compris dans mes bandes et tout en s'engueulant vaguement, on arrive à trouver le matériel musical idoine. Au cours de l'action, Faust est confronté aux sept péchés capitaux. Il s'ensuit sept longs sketches qui normalement nécessitent le concours de sept acteurs, ce qui sous-entend sept cachets, sept costumes, alternative impossible à assumer sans moyens financiers. Heureusement Roger eut une idée salvatrice : chacun des sept péchés sera représenté par une marionnette, économie de sept acteurs et Le Poulain dialoguera alternativement avec les poupées évoluant dans leur castelet, bref, c'est Guignol sur scène. J'enchaîne :

— Alors, j'enregistre tout le texte des sept personnages et Jean dialoguera avec le magnétophone déclenché par moi réplique après réplique.

À ma connaissance, dans l'histoire du théâtre, on n'avait jamais encore tenté ce genre d'expérience. Le Poulain avec son radar, flaire l'efficacité scénique du procédé et on met toute cette mécanique en œuvre. Je passe sur les péripéties abracadabrantes de la réalisation technique, mais quand même au bout du compte, le résultat est assez étonnant et l'effet sur le public est énorme. À l'époque, nous étions tous aussi inconscients les uns que les autres. Aujourd'hui, voudrions-nous recommencer cette aventure de Faust, y arriverions-nous ? J'en doute ! Cette séquence des marionnettes, c'est le seul souvenir réel qui me reste de cette aventure délirante en forme de spectacle, nonobstant le succès certain remporté auprès du public. La mise en scène de Le Poulain laissait une grande part au montage sonore, et grâce à lui, grâce à son radar de jeune loup des planches, le son prenait d'un coup dans une œuvre dramatique droit de cité. Il entrait de plain-pied dans le théâtre, il devenait un élément important avec lequel la technique de la scène et l'art dramatique devaient désormais compter. Ce furent les premières critiques où l'on parlait du son comme l'on parle du rôle d'un acteur et, de surcroît, en termes plus qu'élogieux. J'étais loin de me douter que mon travail revêtait une si grande importance dans un spectacle et qu'il apportait un élément nouveau, inédit, du moins c'est que je lus dans les journaux. Mon travail dans le *Faust* fit boule de neige.

Après Le Poulain ce fut Raymond Rouleau qui me demanda de travailler avec lui et cette collaboration, quasiment permanente, ne cessa hélas, quelque trente ans plus tard qu'avec son décès. Associé avec notre Lucien Beer à la direction du Théâtre de l'Œuvre, Raymond Rouleau, tyrannique, insupportable, despote, perfectionniste maladif, haïssable et tout à la fois délicieux, supergrand homme de théâtre, a été pour beaucoup de jeunes théâtreux et surtout pour Roger et pour moi, le Professeur pour ne pas dire le *Maître*. Quand Rouleau nous a mis le grappin dessus, nous savions un petit quelque chose de la technique théâtrale, il nous a vraiment *perfectionnisés* et veuillez excuser ce néologisme. Si Roger et moi devons pratiquement tout à Le Poulain, Roger et moi devons beaucoup, beaucoup, beaucoup à Rouleau.

Pour ma part, j'ai fait beaucoup plus de spectacles avec Raymond que Roger n'en a fait avec lui.

Le Théâtre de l'Œuvre était la danseuse de Lucien Beer qui ne payait pas Roger qui était son secrétaire général, en contrepartie, il nous passait le Théâtre de l'Œuvre de onze heures du soir à trois heures du matin, ça fait qu'on pouvait répéter la nuit. Lucien était propriétaire du Théâtre de l'Œuvre et il avait un associé, Raymond Rouleau. Raymond Rouleau était dramaturge, comédien, metteur en scène de grand renom, metteur en scène célèbre. Les mises en scène de Raymond Rouleau sont des références historiques. Bien entendu quand Roger m'a précipité dans les bras de Le Poulain, nous travaillions au Théâtre de l'Œuvre. Rouleau montait des spectacles. Quand j'ai connu Roger, c'était *Agnès*, mise en scène de Raymond Rouleau. Alors il y avait déjà une caractéristique : plus Raymond Rouleau avait de moyens techniques et financiers, plus sa mise en scène était en proportion inverse de la qualité. Rouleau a fait des mises en scène extraordinaires et qui ont marqué, seulement quand il n'avait pas de moyens du tout. Quand il n'avait pas un rond, pas de possibilité, ça, c'était formidable. Raymond faisait des mises en scène à double détente : on commençait à répéter une pièce, on répétait, on répétait, il était totalement infatigable, il pouvait répéter pratiquement vingt-quatre heures de file, de temps en temps, il coupait une scène. Il faisait :

—Dix minutes.

Aussitôt après, il était totalement endormi dans son fauteuil. On pouvait tirer le canon, faire n'importe quoi, il n'entendait rien du tout. Il était totalement endormi comme s'il était shooté par une anesthésie d'opération et au bout de dix minutes il se réveillait et disait :

— Bon, alors, on reprend.

Il était remonté comme une pile électrique et ça durait huit, dix heures. Quand on était chassé d'un théâtre, on allait au bistro d'à côté, on mettait des tables pour figurer vaguement les dimensions du décor et on continuait de répéter et puis, vers trois heures du matin, on faisait :

—Raymond, vous nous emmerdez, on s'en va !

—Non ! Vous n'avez pas le droit !

Et c'était des engueulades.

On aimait Raymond vraiment tendrement, on avait beaucoup d'affection et en plus de ça, on le détestait cordialement, mais on faisait toutes ses quatre volontés, moi je prenais patience. Il était assez tyrannique, on commençait à mettre une pièce en scène, on commençait des fois comme ça, huit, dix jours, douze jours et tout d'un coup il faisait :

—Stop, arrêtez tout, papa s'est trompé ! Enlevez-moi tout ça !

On enlevait le décor.

— Je ne veux plus de ce décor-là, c'est terminé, je veux ça, ça et ça…

Et à partir de ce moment-là, c'est comme s'il avait travaillé sur le papier une mise en scène complètement écrite et parfaite et, à partir de ce moment-là, ça allait à toute allure, il dirigeait tout, il ne se trompait plus. C'était la deuxième détente et je ne sais pas pourquoi, la première fois il fallait que ça le nourrisse, je n'ai jamais très bien compris la mécanique psychologique et de maturation de son travail. Il nous l'a fait maintes fois.

— Papa s'est trompé, on recommence tout !

Quand on a monté *Anna Karénine*, c'est comme ça que ça s'est passé. Tableau après tableau, on répétait un tableau pendant dix jours.

— Non ! c'est pas ça, stop, papa s'est trompé !

Roger qui faisait les lumières devenait dingue, moi je changeais des trucs, mais c'était moi le moins atteint par le processus parce que c'était plus facile pour moi de changer des musiques que de changer un décor, de reprendre un costume.

— Il n'y aura pas de fenêtre ici, il y aura une porte à droite, là il y aura un plan coupé, et puis là il y aura une bibliothèque avec des livres. Voilà. Alors tu entres par la porte, tu viens ici, tu vas dire les quatre répliques et toi Lucette tu viens tout de suite. Ce rideau ne sera pas là, il sera côté cour, à droite ! Et alors là, ça allait à toute allure et il fallait prendre la mise en scène par écrit en plus. Il faisait ça comme un extralucide.

De toutes les pièces qu'a montées Raymond, il a toujours fait appel à mes cuisinières électriques, *à ma coupable industrie* comme disait Roger.

Rouleau était assez rond de visage, très beau. Roger était amoureux de ses cheveux blancs. Il avait des cheveux blancs, blancs, blancs, totalement blancs et il était blanc à vingt-cinq ans. Cheveux ondulés, il avait beaucoup de charme, chiant et charmeur. Dans sa relation avec les acteurs, il y avait et du respect et de l'usure nerveuse. Un jour, on répétait un truc : il mettait en scène pour un festival italien, il montait *L'Arlésienne*. On répétait au Théâtre Sarah Bernhardt, il faisait répéter cette farandole avec la musique, c'était la trentième ou la quarantième fois, il disait toujours :

— C'est l'ultima volta !

Et tout d'un coup y avait Bertin qui jouait le berger qui s'arrêtait :

— Raymond, il faut que je vous dise quelque chose.

— Qu'est-ce qu'il y a, qu'est-ce qui'y a, qu'est-ce que vous avez, qu'est-ce que vous voulez ?

— Raymond, on va s'arrêter là, on n'est pas des bœufs !

Il s'est retrouvé tout seul. Il nous a recoincés, les quatre cons qui restaient là et on a continué à répéter. Et c'était tout le temps comme ça. Il nous a enquiquinés, des fois on avait l'impression d'être un matériau humain entre ses mains mais il nous a appris beaucoup de choses. Pour moi, pour Roger, pour une quantité de camarades comédiens, décorateurs, techniciens, régisseurs, sans vraiment qu'il le sache, ça a été vraiment un très très grand professeur de théâtre. Raymond avait entendu *Les Mardis de l'Œuvre* et avait compris que je pouvais lui être utile. Puis, de Monsieur nous sommes passés à Raymond et nous sommes devenus amis. Raymond adorait Roger. Un jour, il nous a dit deux ou trois ans avant sa mort :

— De tous les gens qui me sont passés par les mains, vous êtes les deux seuls à avoir fait une véritable carrière dans le théâtre.

C'était un très très beau compliment. Et puis des fois c'était :

— Raymond vous nous faites chier, en on a ras-le-bol !

— Ah ! ne parlez pas comme ça à Papa ! Il faisait.

— Si, si, si, on en a marre !

Papa, c'est venu comme ça.

— Papa s'est trompé ! On reprend du début, la première réplique de la pièce !

Il plaçait tout.

De tout ce qu'a monté Raymond, il venait toujours me chercher. S'il te demandait, c'est qu'il savait où il allait. Non, une fois il s'est trompé sur un comédien, ça a fait tout un drame.

À l'époque, il y avait un contrat avec une clause restrictive. Tu signais ton contrat et il y avait huit jours et cinq répétitions de part et d'autre pour dénoncer le contrat comme on dit maintenant, sans frais, donc au bout de cinq répétitions si tu n'avais pas dit :

— Je m'en vais.

Si on ne t'avait pas dit :

— La porte est là.

La sixième, ton contrat était valable.

Il avait fait ça pour un comédien, au bout de quinze jours il a dit :

— Ce n'est pas possible, c'est pas possible, c'est pas possible !

Et on changeait. Le comédien restait chez lui, était payé comme s'il jouait. Cette clause devient caduque si le comédien retrouve un autre travail, s'il retrouve un autre contrat. Le camarade qui est viré reste chez lui, sans broncher, il attend que la pièce soit finie pour rechercher un nouveau contrat. Tu parles, tu restes chez toi, tu es payé, tu n'as rien à foutre, tu regardes la télé…

Une pièce, c'est un travail collectif qui va de l'ouvreuse à la salle.

Rouleau nous a appris beaucoup sur les techniques du théâtre, il a appris à Roger à faire des lumières.

Quand on faisait les lumières, il fallait monter les lumières, il faisait baisser un peu, baisser là.

— Baisse-le un peu, remets un peu à droite, mets-le un peu à gauche, reviens, non, remonte un peu, là redescends-le un peu, voilà, oui, alors, il est à combien ?

Au mec du jeu d'orgue :

— Il est à trente.

— Mets à trente-cinq, non trente, vingt-huit, bon, trente-deux, qu'est-ce qu'il y a comme cache là ?

— Il y a un gris clair.

— Mets-moi un autre gris clair devant, deux épaisseurs de gris clair.

— Voilà Monsieur Rouleau, c'est fait, trente-deux, trente-cinq.

— Reste à trente-cinq.

— Mais il est chaud encore.

— Ben, mets des gants, vas-y remonte.

— J'ai remonté.

— Et puis enlève la deuxième gélatine, pas celle que tu as

mise, la première qui était devant.

— Mais c'est la même, Monsieur Rouleau.

— Enlève-la quand même, ah ben non, mais remets-la, remets-la ! Roger, t'es à quel projecteur, au numéro douze, tu peux me le baisser de quatre centimètres.

— Oui, oui, voilà j'ai baissé.

— Qui est-ce qui veut venir sur le plateau se mettre dans le projecteur ? Ben Fred, monte sur le plateau, mets-toi dans l'axe du projecteur, tu y es bien ?

— Oui, oui, Raymond, oui, oui.

— Roger, remonte-le-moi un petit peu s'il te plaît.

Alors, Roger remontait.

— Non, non, descends-le alors. Fred, fais deux pas à gauche, Roger repique-le sur Fred, qui est sur le trente-deux ?

— Ben M'sieur Rouleau, il est prêt là. On vous attend.

— Allume-le, allume-le ! Il est à combien ?

—75.

— Oui 75. Roger tu peux, Roger tu peux…

Et Roger disait :

— Merde !

Un jour, j'ai vu Roger sur la passerelle, Raymond faisait :

— Un peu plus haut, un peu plus bas.

Roger ne bougeait pas le projo, il passait juste la main dans le faisceau cinq six fois et l'on entendait Raymond :

— Stop, Roger arrête, bloque tout, bloque tout ! Il est à combien ?

— Monsieur Rouleau, il est à soixante-cinq.

— Bloque tout, tu le laisses sur la conduite, le numéro tant tel que l'a réglé Roger à soixante-cinq.

Il était accroché au décor, il était accroché sur tout, à la lumière, à la direction dês acteurs, c'était un très, très grand directeur d'acteurs. Il adorait multiplier les décors. Dans *Anna Karénine*, il y avait trente à trente-cinq changements de décor dans le noir. En dix secondes, tout le monde faisait quelque chose, les comédiens, tout le monde, on répétait ça pendant des heures entières, mais alors il y avait une espèce d'automatisme qui était établi, alors en entendait :

— Fais chier, merde, on n'est pas là pour changer des tabourets, on est là pour lire du texte.

Il faisait comme celui qui n'avait pas entendu, et puis il ne bougeait pas.

Une des plus grandes administratrices que j'ai connue, qui connaissait Raymond sur le bout des doigts, lui avait fait le contrat. Dans ce contrat, il répétait de 20 heures à 24 heures et qu'à 24 heures, on coupait l'électricité dans le théâtre. Nadine Farel était là tous les soirs dans son bureau et vers minuit moins le quart on entendait sa voix qui venait du balcon :

— Raymond, il est minuit moins le quart.

Il continuait comme si de rien n'était.

— Raymond, il est minuit moins cinq.

Et, à minuit, plus rien, le noir total. On l'entendait gueuler.

— Tu es dégueulasse ! Elle est dégueulasssee !

On aurait pu foutre le feu partout, on sortait du théâtre dans le noir à la flamme des briquets. On descendait au bistro qui est sous le Théâtre de la Ville, sur le côté en face du square. On entrait là, on se mettait dans la salle du fond, on foutait des tables et des chaises, on répétait jusqu'à deux heures du matin, jusqu'à ce que le patron nous vide et c'était comme ça tous les soirs. Le patron acceptait parce que Raymond nous payait les consommations. Une pièce terminée avec Rouleau, je hurlais sur tous les toits que c'était la dernière, que travailler avec ce tortionnaire de l'art dramatique, c'était l'enfer, car c'était vraiment l'enfer, que jamais plus je ne retravaillerais avec ce tyran. Mais le bougre avait une telle séduction, un tel charme, que nous étions tous au garde-à-vous et aux ordres au premier coup de téléphone. Parlons en des coups de téléphone de Rouleau ! Nous répétions jusque vers deux ou trois heures du matin, nous rentrions nous coucher dans un état de fatigue indescriptible. Je précise que nous commencions à répéter vers dix ou onze heures du matin, ce qui fait entre quinze et seize heures par jour de travail quasiment sans interruption. Couché, harassé, écrasé de fatigue, à peine endormi, le téléphone sonne : ding !

C'est Rouleau et il est quatre heures du matin ! Rouleau, frais comme un gardon :

— Mon petit Fred, il faut penser à telle et telle chose, il faut dire à un tel, etc., etc.

Bref, l'enfer. Un soir, en rentrant me coucher, j'ai débranché mon téléphone pour une fois, dormir en paix.

À la répétition le lendemain matin, un Rouleau fou de rage nous a fait une crise de colère ubuesque : hurlements, insultes, et j'en passe. Stoïques, nous supportions tout, le *Maître* nous faisait peur. Il y eut un moment où nous en avions tellement assez de répéter nuit et jour que nous avions très sérieusement envisagé de mettre un soporifique dans son potage, hélas, nous avons manqué de courage et puis, cela aurait-il vraiment servi à quelque chose ? Parfaitement insomniaque, Rouleau dormait ses dix minutes au théâtre et à n'importe quel moment. Avec le recul des années quand je me repense à cette époque, je crois que nous étions un peu masos.

Rouleau était comédien en Belgique, il est venu jouer une pièce à Paris, il a été engagé et puis il a continué. Il a épousé Françoise Lugagne.

J'ai connu Raymond en 1950 et je fais un bond de trente ans, ça nous fait 81. En 81, Jean Pierre Grenier, qui était directeur du Théâtre Boulogne Billancourt :

— Dis donc, on monte une adaptation de Rouleau d'un roman de Zola, *Thérèse Raquin,* il y a une grosse bobine et Rouleau te demande. La première répétition est après-demain, tu viens à une heure, tu ne passes pas par l'entrée normale du théâtre, tu passes par l'entrée des artistes qui est de l'autre côté du pâté de maisons, il y a une espèce de ruelle extrêmement étroite entre deux immeubles. Je me ramène et, au bout, je vois une voiture blanche. Je m'avance et je distingue une ambulance. J'arrive près de l'ambulance et je vois qu'on sort de l'ambulance quelqu'un sur une civière. Je m'approche et c'était Raymond Rouleau qui était sur la civière, cadavérique, j'ai eu un choc énorme. Je dis :

— C'est quoi ? C'est quoi ? C'est quoi ?

Et Rouleau me fait :

— C'est toi ? Ah ! tu es là, je suis content, tu n'abandonnes pas ton Raymond.

— Non, non, pas du tout, au contraire.

Je descends l'escalier, je me précipite sur Grenier et je lui dis :

— C'est quoi ça ?

— C'est Rouleau, il a un cancer, il n'a prévenu personne, on a découvert le pot aux roses il y a quinze jours. Ah ben non, on ne peut plus reculer maintenant, c'est pas possible.

Alors nous avons répété *Thérèse Raquin* un peu plus de quinze jours. Les machinistes avaient construit devant la scène jusque dans la salle une espèce de praticable où on descendait Rouleau sur sa civière, la civière traversait la scène sur ses roulettes. On mettait la civière sur le praticable qui était face à la scène, on rehaussait le dos de la civière, ça fait qu'il était à peu près assis et qu'il voyait la scène. Il a fait la mise en scène de *Thérèse Raquin* comme ça. Mais, au début, on commençait à deux heures, on finissait à six heures, et puis après six heures c'était cinq heures, après c'était quatre heures et demie. Rouleau était crevé, il fallait arrêter. Et puis on a fini par jouer cette pièce, Raymond est mort deux jours ou trois jours après la générale. Il nous a emmerdés pendant des années, mais on avait une tendresse, une affection, une tendresse de reconnaissance.

En 1955 je réussis à m'échapper des griffes de Rouleau pour réaliser la bande sonore de *La Condition humaine*, adaptation théâtrale du roman d'André Malraux, première mise en scène de Marcelle Tassencourt, ancienne collaboratrice de Raymond Rouleau. Et c'est à ce moment si mes souvenirs ne me trahissent pas, chaperonné par Évelyne Vidal, secrétaire de Raymond, qu'a débarqué un transfuge de HEC, personnage à la taille élancée, filiforme, frisant la maigreur. Ce personnage se présentait sous le nom de Jean Chapot. Quelle passion secrète l'attirait dans l'univers du spectacle au point d'obérer une carrière prometteuse d'homme d'affaires pratiquement acquise grâce à son diplôme d'ancien élève de HEC ? Je ne saurais le dire, sinon qu'à l'évidence, le commerce et les affaires commerciales ne semblaient pas être son véritable cursus. Je l'ai découvert après *La Condition humaine*, quand j'ai réintégré le giron Rouleau. Étonnant Jean Chapot ! Étrange personnage au visage anguleux, tempéré de douceur, une grande distinction se mêlant à une grande élégance dans la parole et dans le geste et surtout, surtout, un œil ! Un œil, un œil perçant, un regard analytique aux éclairs inquisiteurs, décapants, et en filigrane une ironie de second degré teintée d'humour sous-jacent, le tout étayé par une culture encyclopédique et une intelligence aiguë. Il fut tout de suite bombardé assistant par un Rouleau quelque peu snobé par le personnage et quand même intimidé par l'aura que confère le titre d'ancien élève d'une école aussi célèbre que HEC. Quant à Chapot, très vite, il avait fait le tour de Rouleau et décelé tous les défauts de la cuirasse. Rouleau lui disait-il quelque chose, Chapot répondait quasi invariablement :

— Raymond, en êtes-vous sûr ?

Et ces cinq mots énoncés d'une façon merveilleusement laconique contenaient une quantité incroyable d'intonations sous-jacentes savamment dosées, contrôlées, sous lesquelles pointait sinon du scepticisme du moins de l'ironie. Si cela faisait ma joie et Chapot ne s'en privait pas, Rouleau n'y voyait que du feu et pas plus loin que le bout de son nez théâtral. Très vite l'assistant se révéla d'une efficacité redoutable et comprit tout ce que l'on nomme du terme générique de *théâtre*. Sa collaboration dura, il me semble, six, sept ou huit, saisons théâtrales. Je pense qu'il était venu là, chez Rouleau, pour découvrir et apprendre tout ce qui lui manquait pour assurer une carrière d'homme de spectacle qui somnolait toujours dans son inconscient. Et puis un beau jour, il dit à Rouleau qu'il partait pour faire un film. De ce jour nos destins ont bifurqué. Moi, n'ayant jamais vraiment été attiré par le cinéma malgré les quatre ou cinq films et la dizaine de courts métrages où j'ai fait l'ingénieur de son. Je suis resté dans le phalanstère Rouleau. Chapot, lui, se précipita tête baissée sur l'invention des frères

Lumière, son palmarès de metteur en scène cinématographique, de réalisateur comme on dit maintenant, est impressionnant de talent. À ce point, je me pose une question : aurait-il eu autant de talent s'il était devenu, dans le sillage de Rouleau, un metteur en scène de pièces de théâtre ?

C'est une question qui reste sans réponse puisqu'il ne l'a jamais fait, mais s'il a si brusquement rompu avec l'art théâtral pour s'abandonner tout entier à l'art cinématographique, rien ne m'ôtera de l'esprit que le transfuge de HEC était destiné, programmé à exprimer son talent par le truchement d'une pellicule de celluloïd.

De tous les satellites et soi-disant assistants que j'ai vu défiler chez Rouleau, le copain Chapot est le seul qui m'a laissé cette impression de véritable amoureux de tout ce qui constitue l'art du spectacle, et c'est assez rare pour le souligner, c'était ça, l'exemple.

Adamov, Audiberti, Ghelderode, Anouilh, Supervielle, Cocteau, sont les auteurs avec qui j'ai travaillé et d'autres, mais j'ai eu beaucoup plus de rapport avec les metteurs en scène ou avec le chef d'orchestre. Quand il y avait un loup et que l'on arrêtait, s'il y avait un problème pendant l'enregistrement, je disais au chef d'orchestre :

— Tu vas me reprendre ici pour que je puisse faire le collant dans vingt mesures.

J'ai toujours lu la musique et je n'ai jamais vu un metteur en scène venir dans un enregistrement de musique. Tout se passait entre le compositeur, le chef d'orchestre, et le preneur de son.

Toute notre vie ne se passait pas totalement dans un théâtre, une partie se respirait à l'extérieur, quand je dis à l'extérieur, j'use encore d'un euphémisme. Sortis de nos théâtres respectifs, y compris des griffes de Rouleau, se reformait comme par enchantement une autre sorte de jeune compagnie d'acteurs, étrange celle-là, aux activités distractives plus étranges encore. Je redis que Roger avait fait la connaissance de Le Poulain dans le temps que celui-ci était élève au Conservatoire dans la classe de Georges Leroy. Le Poulain s'était fait un copain, Robert Hirsch, élève d'Henri Rolland. Pendant ses études, Hirsch était stagiaire à la Comédie-Française, il s'y lia d'amitié avec Jacques Charon son aîné et déjà sociétaire de la Comédie-Française. Charon avait un ami d'enfance, un ami d'école, ils avaient tous deux le même âge. Cet ami était une personnalité étonnante, hors du commun, surréaliste, dotée d'un humour irrésistible, d'une drôlerie inégalable, d'une bonté inépuisable, cet étrange ami de Charon se nommait Jacky Iskander.

Pour tout simplifier, disons que Jacky Iskander était un cas. Je ne sais comment cela se fit, mais Iskander devint par l'intermédiaire de Charon, la nounou inséparable de Hirsch qui, lui, ne pouvait se passer de Le Poulain. Le Poulain que Roger suivait à la trace. Quant à moi, j'étais accroché aux basques de Roger et précipité dans ce phalanstère, plus exactement c'était un kolkhoze, une sorte de communauté vivant quasiment en vase clos avec quelques satellites épars cahotant autour de nous.

Robert Hirsch, Jean Le Poulain, Jean Leuvrais, Jacky Iskander, Marc Doelnitz, Roger Harth et moi. Par raccroc et par-dessus le marché, paternel, condescendant, complice indulgent de nos folies, sorte de parrain souriant et coincé à la fois, j'ai nommé Jacques Charon.

Il existait Place du Théâtre Français, un café historique où Bonaparte venait jouer aux échecs, où Diderot situe le décor de son *Neveu de Rameau* et qui de surcroît a toujours été *La Station Champbaudet* des acteurs de la Comédie-Française qui formaient une grande part de sa clientèle, l'autre part étant formée par le troupeau compact de leurs admirateurs. Ce café historique, c'était le Café de la Régence, le plus ancien café de Paris avec le Procope. Qui jouait au Français, venait avant ou après le spectacle à la Régence, qui espérait entrer à la Comédie-Française, venait rôder à la Régence, qui était élève au Conservatoire venait voir son professeur dans sa loge du Français, s'il n'y était pas, il était forcément au café de la Régence. Bref, la plaque tournante de l'art dramatique des années cinquante, c'était la Régence. Et il arriva donc ce qui devait arriver : Hirsch venait voir Charon qui était à la Régence, Le Poulain rejoignait Hirsch à la Régence, Roger accompagnait Le Poulain à la Régence, Iskander suivait Hirsch, Doelnitz suivait Iskander à la Régence, Jean Leuvrais précédait tout ce beau monde, bref, la Régence servant de catalyseur, le kolkhoze se souda de lui-même, fusionna et finit par constituer les particules insécables d'un atome de gugusses. Et comme tout ce qui se ressemble s'assemble, que l'humour appelle la drôlerie, que la drôlerie engendre le gag, que le gag engendre le rire, le rire vire au fou rire et que nous n'avions qu'un but, c'est de rire le plus possible. Nous nous retrouvions tous à la Régence pour rire, encore, toujours rire et rire encore. Mon Dieu, avons-nous ri pendant quinze années !

Il y avait une fois à la Comédie-Française, une place de sociétaire à pourvoir. Logiquement, il y fallait mettre un acteur, mais comme dit Beaumarchais, ce fut un danseur qui l'obtint. De la prime enfance de Robert Hirsch, je ne sais rien. Ce que je sais, ce que tous les camarades savent, c'est qu'il veut être danseur, qu'il entre à l'école de danse de l'Opéra et atterrit dans le second quadrille du corps de ballet ! Nous sommes en 1945, à la fin de la guerre, Hirsch ne signe pas son contrat d'engagement mais il danse. Un copain lui dit un jour :

— Tu es si drôle, si comique, si insolite, pourquoi ne fais-tu pas du théâtre au lieu de faire des entrechats ? Présente-toi donc au Conservatoire d'art dramatique !

Et pour faire un gag, Hirsch prépare vaguement, sur les pointes pourrait-on dire, l'examen d'entrée au Conservatoire d'art dramatique. Faire rire mille personnes à la fois le séduisait sûrement plus, je crois, que les jetés battus. Après un bref passage au Cours Simon, y rencontre-t-il déjà Le Poulain ? Il se présente à l'examen d'entrée du Conservatoire et à l'issue du premier tour éliminatoire, à l'unanimité du jury, il est admis dans la classe d'Henri Rolland, le voilà pour les trois ans réglementaires élève du Conservatoire. À l'issue de la deuxième année, par dispense spéciale, il est admis à se présenter au concours de sortie. Le concours de sortie du Conservatoire est public, le concurrent y présente deux extraits de pièce de théâtre, deux scènes, l'une dite classique : Molière, Marivaux, Musset, etc., et une autre scène, dite moderne, extraite d'une pièce d'un auteur contemporain, au sens large du terme. Robert présente sa scène classique : Mascarille des *Précieuses ridicules* de Molière devant une salle et un jury qui croulent de rire et lui font un véritable triomphe. Dès lors, avant de présenter sa scène moderne, son premier prix est déjà virtuellement acquis. Robert présente un extrait du *Cocu magnifique* de Crommelynck et de nouveau fait un triomphe. Hirsch est récompensé par un premier prix de comédie décerné à l'unanimité par le jury du Conservatoire. Dans la minute qui suit, il est engagé en qualité de pensionnaire de la Comédie-Française. La suite va très vite : après quatre années comme pensionnaire, il est nommé sociétaire, toujours à l'unanimité, puis sociétaire à part entière. Il devient la star de la Maison. Robert est affiché, la salle est comble et la recette maximum, Robert ne joue pas, la salle est à moitié vide et la recette médiocre. Ainsi de 1948 à 1974, année de son départ de la Maison, pendant vingt-six années, il jouera sans discontinuer tous les auteurs classiques et modernes du répertoire et toujours avec un égal bonheur. Il créera à la Comédie-Française bon nombre de pièces d'auteurs contemporains, destin d'acteur de génie, fulgurant, linéaire, manifestement un des plus grands acteurs comiques et dramatiques de sa génération. Aussi démesuré que Frédéric Lemaître, Kean, aussi rare que Lekain, Hirsch jusqu'à son départ de la Comédie-Française, a incarné à tous les niveaux le génie du gag à l'état pur.

Gag : Grimace, mot, situation qui engendrent un effet comique, nous dit le Petit Larousse.

Hirsch était tout à la fois. Le gag, l'irrésistible et redoutable gag, si dangereux et si efficace, n'a apparemment jamais eu de secret pour lui. Mon premier souvenir de Robert au Français, le personnage de Blond du *Roi* de Robert de Flers et Caillavet, je ne me souviens pas avoir jamais tant ri ! Second souvenir :

Le Veau gras de Bernard Zimmer, Hirsch dans un rôle dramatique ! apparemment pour lui, rôle de contre-emploi. Grave erreur ! Son interprétation de ce personnage tourmenté, douloureux, souffrant, déchiré, m'a fait pleurer d'émotion. La bipolarité, l'universalité de son génie d'acteur éclatait à l'évidence. Hirsch plaisait au public dans le sens le plus large de l'axiome de Molière : *La plus grande règle n'est-elle pas de plaire ?*

Hirsch n'aime pas parler de lui. Robert n'aime pas que l'on parle de Hirsch. La seule conversation qu'il apprécie est le dialogue amical et tacite qui s'établit entre le public et l'acteur, entre l'homme public et son public, entre l'acteur qui exerce son art et les spectateurs qu'il entraîne à son gré du rire aux larmes. De *La Double inconstance* au *Dindon*, d'*Amphitryon* aux *Fourberies de Scapin*, du *Fil à la patte* au *Tartuffe* et j'en passe, j'en passe, j'en passe, il faudrait encore bien des pages pour détailler la voie royale de ces années étincelantes. Je n'ai jamais connu personne qui après s'être fait ovationner sans fin par une salle en délire, arrivant au café de La Régence pour souper après le spectacle, se fasse de nouveau acclamer par un restaurant debout. On pardonnait tout, on excusait tout du Robert angoissé, traqueur, perfectionniste jusqu'à la maniaquerie, psychopathe, hypernerveux, un temps dévoré de tics, insomniaque incurable et despote de charme. Sa fuite en avant, l'oubli de lui-même, il le trouvait avec nous, ou pour être plus exact avec Le Poulain, Iskander et Marc Doelnitz. Comme dans *Les Trois Mousquetaires*, il s'établissait entre eux comme une sorte de partie de tennis, de gags et de sketches, où chacun renvoyait la balle gag au voisin avec une instantanéité vertigineuse.

Si l'on dit qu'un enfant né coiffé doit avoir une vie heureuse, pour Jacky Iskander c'est assurément chapeauté qu'il est venu au monde. La fée qui s'est penchée sur son berceau devait être la fée couture, elle lui a fait don de l'agilité des doigts et lui a donné pour armes, l'aiguille, le dé et le fil à coudre. Jacky était une machine à coudre vivante, sa mission pendant la vie, tirer l'aiguille et fabriquer, imaginer, créer des chapeaux. Par contre la fée facétieuse a sans doute oublié de lui faire don du moindre atome de virilité. Iskander a accompagné notre vie en ondoyant gracieusement et nonchalamment comme une algue filiforme entre deux eaux aux irisations adamantines. Écossais d'origine, personne de nous tous n'a su jamais très bien d'où il venait et où il allait lui non plus d'ailleurs. Il a traversé notre univers sur un nuage, aucune des contraintes matérielles qui nous angoissaient ne l'a vraiment jamais préoccupé. Ce sans-souci à tout va, a été jusqu'à la fin de sa trop brève existence notre cigale et si l'on admet les vies antérieures Jacky n'a pu être que le créateur du mouvement de libération de la femme. Je suis sûr que depuis notre mère Ève, Jacky a été femme, femme dans tout son être, femme jusqu'au bout des ongles, femme jusqu'au chas de son aiguille. Sa seule activité physique, imaginer, créer et confectionner des chapeaux. Et de plus, nous fabriquer à jet continu des espèces de robes sac qu'il obligeait certains de nous à porter sur la plage. Comment résister à tant de gentillesse, de drôlerie, de délire ? Comment ne pas aller jusqu'au bout du gag en nous voyant les uns les autres affublés de ces oripeaux baptisés pompeusement dans son style délirant *Bons magiques* du journal féminin, *ELLE* ? Nous étions tous tellement malades de rire que tout le reste, y compris le qu'en-dira-t-on, n'avait plus aucune espèce d'importance à nos yeux, nous passions pour des déments.

En dehors de ses activités de modélisations, quand Jackie ne transformait pas la plage en atelier de couture, il pouvait rester assis dans un fauteuil sans faire un mouvement et pendant deux heures de rang nous faire pleurer de rire. Et quel homme ! Notre Jacky pendant l'Occupation a été arrêté par la *Gestapo* et déporté en Allemagne dans un camp de concentration au titre du travail obligatoire. L'enfer qu'il a vécu, les sabotages qu'il a effectués dans les usines allemandes où il travaillait, le moral de ses camarades de déportation qu'il a maintenu à l'optimisme sous les bombardements et dans les plus tragiques circonstances, peu d'hommes qu'on appelle des mecs ont été capables d'une telle force morale, d'un tel courage viril. Jacky tirait l'aiguille, peut-être, mais c'était un homme, un Jules, un vrai.

De toute cette partie de sa vie il ne parlait jamais et n'aimait pas mettre en exergue cette forme de courage peu commune. Jacky aurait dû être décoré pour fait de résistance mais les seules décorations qu'il aimait et qui le faisaient rire, c'étaient les décorations dont il affublait ses chapeaux. Jacky avait transformé la loge de Lise Delamare à la Comédie-Française en atelier de *chapeauterie*. La pauvre Delamare se maquillait, s'habillait pour jouer la comédie comme elle pouvait, au milieu de mille colifichets bien étrangers à l'art dramatique, mais comment résister à la gentillesse légendaire de Jacky ? Et puis les chapeaux qu'il confectionnait étaient si jolis !

Notre phalanstère s'apparentait étrangement avec *Les Trois Mousquetaires* et je me fais dans ma tête ma petite distribution. Je vois très bien Le Poulain en Porthos, Robert Hirsch en d'Artagnan. Hirsch l'a effectivement joué au Festival d'Angers. Jean Leuvrais serait un parfait Athos, Iskander un Aramis idéal, et Planchet, Marc Doelnitz.

Mais que dire sur Marc que tout le monde ne sache déjà ! On a tout écrit sur lui et sur le Saint-Germain-des-Prés de Sartre, de Juliette Gréco, de Boris Vian, de Corbassière, du Lorientais, du Tabou, du Vieux Colombier. De 1945 à 1955, il a été *le Monsieur Saint-Germain-des-Prés, le Monsieur Flore*, il a été acteur, animateur, décorateur, costumier et surtout, il a été une inépuisable mine à idées, aussi folles, aussi originales, aussi efficaces les unes que les autres. Il a tout fait, tout vu, tout connu. Il a connu le Tout-Paris des snobs, le Tout-Paris de l'intelligentsia, le Tout-Paris tout court. Maintenant, comment a-t-il de Saint-Germain-des-Prés abouti à la Régence, je ne m'en souviens pas ou plus exactement je ne le sais pas. J'ai connu Marc au Flore bien avant de connaître Roger. Je l'y ai retrouvé quand Roger m'a traîné à la Régence comme les autres de la bande, drôle, cocasse, futé. Là, forcément, je suis obligé de me répéter, mais je suis sûr que tous ces dénominateurs communs ont été le ciment qui a maintenu cohérent pendant quinze ans notre gang du rire. S'il faut signaler un plus concernant Marc Doelnitz, fait unique et rarissime, il avait l'art et je dis bien l'*art*, d'organiser la chienlit. Il l'a prouvé pendant dix ans et avec quelle efficacité, en inventant avec Jean Marie Rivière les revues de l'Alcazar! Ce duo dément, et surtout Marc Doelnitz, a donné sa célébrité mondiale à ce lieu de spectacle. Pour en terminer avec Marc, l'inénarrable Doelnitz a vraiment été le Planchet de la scène. Athos : Jean Leuvrais. Leuvrais le taciturne, le tourmenté, plus protestant d'apparence que Roger, le rire rare et étouffé, intelligent sous cape, musicien dans l'âme, comédien remarquable, une voix aux harmoniques de violoncelle, introverti jusqu'à la maladie sauf en scène et, pour couronner le tout, paresseux avec délices. Deux yeux enfoncés dans leurs orbites, un regard décapeur aux lueurs tendres, un humour entré, éclatant en traits rares et acérés. Hors son activité théâtrale de metteur en scène et d'acteur, tel le *Candide* de Voltaire, Leuvrais n'a eu, n'a et n'aura jamais qu'une seule et unique préoccupation, cultiver le jardin de sa maison de Lésines. De ce jardin, nous en avons entendu parler vingt ans durant et, en tout cas, pour Roger et pour moi, ce jardin miraculeux, enchanté paraît-il, n'a été que l'équivalent de *l'Arlésienne.* Pour aller à Lésines, tous les prétextes étaient bons à Leuvrais. Ainsi ce fut le seul de notre kolkhoze à n'être jamais présent à nos folies estivales. Leuvrais était multiprésent de l'automne au printemps, du printemps à l'automne, l'homme de théâtre cédait insensiblement la place au jardinier et ses apparitions à la Régence se faisaient de plus en plus sporadiques en fonction de l'approche des beaux jours. Et je crois bien, au moment où j'écris ces lignes, que depuis trente ans rien n'a changé. Leuvrais est le *Le Nôtre* de l'art dramatique, ses cultures jardinières n'ont d'égales que sa culture générale. Une encyclopédie et une bêche pourraient être les armes de ce singulier gentleman *théâtral-farmer.*

L'étrangeté n'est-elle pas l'apanage essentiel des acteurs? J'ai souvent remarqué qu'aussitôt que deux acteurs ou plusieurs sont ensemble et bavassent, ils rejouent invariablement la scène des portraits du *Misanthrope*.

Tout ce petit monde se pliait inconsciemment à un emploi du temps rituel et quasiment immuable : quand Hirsch ne répétait pas, il allait l'après-midi au cinéma avec Iskander, et après le cinéma, cap sur la Régence. Vers dix-huit heures, le noyau commençait à se former, il était à peu près au complet vers dix-neuf heures, là, on sirotait un coca, on buvait un café, un quart Vittel, mais pas de whisky, nous n'avions pas à l'époque les moyens d'un tel luxe. Alors commençaient en cascades tous les prétextes à rire, à improviser des sketches, imaginer des gags, des dialogues abracadabrants n'ayant de sens, et encore, que pour nous. Que Hirsch, Iskander, Doelnitz et Le Poulain n'aient pas été dialoguistes ou bien *gagmen*, je ne le comprendrais jamais. Ils eussent fait à eux quatre une véritable fortune.

Imaginer et jouer un scénario instantané, une sorte d'improvisation dans un laps de temps le plus court possible, par exemple avec l'aide du premier objet qui tombait sous la main. Exécuter dix gags mais ces gags n'étaient reconnus valables que s'ils faisaient rire les autres. S'il y avait une large majorité d'approbations et ainsi de suite de dix gags en dix gags, de l'un à l'autre, toujours avec le même objet, seul le rire plébiscitait le vainqueur de ces singuliers tournois. Un cure-dents, un paquet de Gitanes, une petite cuillère, un trousseau de clés, un gant, une bouteille vide ou pleine ou tout autre objet servait de prétexte. Cette forme d'improvisation exclusivement visuelle n'est pas facile à décrire. La somme d'imagination instantanée qu'il faut déployer pour arriver, vainqueur ou non, au terme de ces épreuves ! C'est un peu comme la technique d'improvisation de l'*Actor Studio* de Strasberg en Amérique, avec la seule différence : chez Strasberg on ne rit pas et le petit *Actor Studio* de la Régence était un éclat de rire continuel. Une école de l'*impro* où beaucoup de nos camarades ont appris énormément de choses en s'amusant, ce qui n'est pas négligeable. Ces exercices duraient des heures. Mais, bien obligé, vers vingt heures, chacun retrouvait son théâtre respectif et de nouveau vers minuit, après le théâtre, nous mettions le cap sur la Régence et les folies recommençaient de plus belle.

Présents : Yves Claoué, le pianiste compositeur improvisateur, fils du célèbre chirurgien esthétique, accompagnateur attitré de Hirsch. Jacques Chazot, notre danseur de l'Opéra-Comique, un peu notre chansonnier à la manière des Deux Ânes, dont les irrésistibles cancans de concierge sur le corps de ballet de l'Opéra nous amusaient énormément. André Levasseur, le décorateur de théâtre, à Cannes nous le voyions souvent, à Paris, presque jamais, sauf peut-être, quelques rares samedis après le spectacle chez les uns ou chez les autres. Marcel Lefranc, le fils des peintures Lefranc, nous recevait chez lui le samedi soir après le théâtre pour souper et, bien sûr, improviser des sketches. Philippe Mareuil, comédien, grand spectateur mais jamais acteur de nos folies. Jean Darnel, spectateur aussi, grand ami d'Aldo Ciccolini qui rivalisait au piano avec Claoué quand nous décidions, impromptu, d'organiser des concours de chant. Jérôme Hullot, comédien, régisseur au TNP, qui nous recevait chez lui pour jouer des nuits entières d'interminables parties de ce jeu de cartes qui s'appelle *le Barbu*. Françoise Fechter, comédienne, fidèle spectatrice rieuse de nos soirées du samedi. Maurice Bray, auteur dramatique de talent et comédien. Léon Lesacq, comédien de grand talent, lui aussi venait rire et nous applaudir à tout rompre. Enfin, Michel Gyarmathy, codirecteur des Folies Bergères, metteur en scène, décorateur, créateur de costumes, homme protée magique de ces extraordinaires revues des *Folies* dont les titres, superstitieusement, ne comportaient toujours que treize lettres. Combien de fois avons-nous fait la fermeture de la Régence ! Combien de fois le personnel, mi-excédé, mi-complice de nos extravagances, a-t-il attendu que nous levions le siège, car vraiment nous investissions cet honorable établissement pour éteindre les lumières et fermer les portes, les derniers clients noctambules étant partis, eux, depuis déjà plusieurs heures ? C'est généralement vers trois heures du matin que nous consentions, à regret, à rentrer chacun chez nous, Iskander à deux pas, rue du Faubourg-Saint-Honoré, Le Poulain à Montparnasse, rue Campagne-Première, Hirsch, Porte de Champerret. Moi, à l'époque, dans ma chambre de bonne Place de Breteuil, Roger chez ses parents, à deux pas du parc Monceau, quant à Jean Leuvrais, je n'ai jamais su où il habitait. Roger était le seul à posséder une voiture, la voiture de son père, une Peugeot crème, celle qui m'avait tellement snobé le soir de notre première rencontre. Roger, toujours bon prince, ne renâclait pas pour ramener de temps en temps les uns ou les autres devant leur domicile respectif. Et le lendemain et les jours suivants, les mois et les années voyaient se renouveler le même rituel. Le temps des vacances n'altérait en rien cette conjoncture, tout simplement un phénomène de transhumance théâtrale transportait notre petite *troupette* de la Régence à Cannes, sur les plages. Dame, après onze mois enfermés dans nos théâtres, avec la mi-juillet nous déboulions tous vers le Midi. Le soleil, la mer, le sable chaud avaient pour nous une attirance bien compréhensible. Restait le long voyage de neuf cent cinquante kilomètres qui sépare Paris de Cannes.

À cette époque, l'automobile prêtée par le père de Roger demeurait pour nous le moyen de transport le plus économique, il suffisait de partager le coût de l'essence par cinq.

Dans cette Peugeot, s'entassaient, outre Roger qui conduisait, Hirsch, Le Poulain, Iskander et moi. Bien entendu dans ces années cinquante, il n'était pas question d'autoroute. Le seul itinéraire qui conduisait le plus rapidement au Midi était la fameuse Nationale 7 qui, au départ de Paris, voyait s'égrener Fontainebleau, Sens, Auxerre, Avalon, Saulieu, Chalon-sur-Saône et Lyon qui constituaient avec la monotone traversée du Morvan la première moitié du voyage. Ensuite : Vienne, Valence où, sur le bord de la route, une gigantesque pancarte portait l'inscription : *ICI COMMENCE LE MIDI*.

Cette assertion géographique nous projetait aussitôt dans une exubérance toute méridionale. Ensuite, Cavaillon, La Palud et ses balais multicolores, Montélimar et ses nougats, Orange, Avignon, Aix-en-Provence, Saint-Raphaël et enfin l'incontournable et diabolique dernière partie de cet épuisant voyage, la traversée de l'Estérel : Saint-Raphaël, La Napoule. À travers le massif de l'Estérel, cinquante kilomètres d'une route étroite, sinueuse, aux quelque trois cent cinquante virages, interdisaient à aucun moment le quelconque dépassement d'autres véhicules. Dernière épreuve pour les nerfs du conducteur qui, à quelques encablures goudronnées de Cannes, devait redoubler de prudence pour ne pas finir des vacances pas encore commencées et déjà terminées au fin fond d'une ravine. Je raconte tout cela avec ce luxe de détails, car aujourd'hui l'autoroute Paris-Nice a radicalement changé les conditions de ce voyage qui n'est plus qu'une balade un peu longuette. L'autoroute n'existant pas, par voie de conséquence il n'y avait pas non plus de stations-service. Le ravitaillement en essence se faisait à des pompes généralement placées à l'entrée ou à la sortie des villages. De plus, qui dit pompe à essence sous-entend pompiste, lequel pompiste à l'aide d'un levier pompait l'essence qui se déversait ensuite dans le réservoir de la voiture. L'opération prenait donc un certain temps. Normalement, un pompiste désigne généralement un quidam de sexe masculin, logiquement synonyme de mec viril, de julot, de mecton, de jules, de dur, bref, de normal. Rien de spécial à signaler de Paris à Valence où commence le Midi. Mais à partir de là, jovialité et fébrilité s'installaient à bord de la voiture. Le besoin de se défouler après cette longue portion de route monotone donnait prétexte aux inventions les plus extravagantes. Un jeu, car encore une fois tout était prétexte à jouer, inventé par Le Poulain, jeu délirant, fou, dingue, mais tellement périlleux, qu'il fit l'unanimité dans notre groupuscule et nous mena parfois au bord de la catastrophe pour ne pas dire du drame. Qu'on en juge !

Le jeu consistait à s'arrêter à une pompe à essence desservie obligatoirement par un pompiste mâle, à l'exclusion de tout représentant du sexe faible. L'un des protagonistes descendait de la voiture et s'adressait au pompiste pour obtenir de l'essence. Toutes les glaces de la voiture étant ouvertes, nous devions tous impérativement entendre le dialogue entre le demandeur et le pompiste. Chaque demande était sanctionnée par l'attribution d'un certain nombre de points. Celui qui totalisait, de pompe en pompe, jusqu'à Cannes, le maximum de points était déclaré vainqueur du voyage. Vous devez penser que jusque-là tout ça est bien banal ! Attendez la suite !

Voici la formulation des demandes :

— Bonjour, mon chou, mets-m'en cinq litres ! comptabilisait cinq points.

— Ginette, ou un autre prénom féminin inséré dans le dialogue, rapportaient dix points à chaque répétition du prénom.

—Ma Chérie, sois gentille, tu vérifies l'eau, cinquante points.

Ad libitum.

Et pour finir, si c'était possible !

— Un bisou sur la joue du pompiste : 100 points.

— Un bisou sur la bouche du pompiste : 500 points.

Voilà à quoi, avec notre belle inconscience et notre folie des gags, nous jouions de pompe à essence en pompe à essence pendant le voyage.

Le recordman absolu, c'était, bien entendu Iskander dont le culot et le courage forçaient notre admiration, ensuite c'était Hirsch qui faisait des scores très honorables.

Le Poulain, pas trop courageux, s'en sortait tant bien que mal quand venait son tour. Comme vous vous en doutez, nous nous faisions traiter de tous les noms possibles et imaginables et encore, même avec beaucoup d'imagination, vous serez en deçà de la réalité. Bien des fois, coursés par des pompistes en fureur, nous détalions sans demander notre reste et bien sûr, sans payer le carburant ce qui fait que, pendant plusieurs années de suite, de Valence à Cannes nous n'avons pas déboursé un centime d'essence, voyageant aux frais des malheureux pompistes victimes de nos facéties. Et quand c'était une femme, alors on ne s'arrêtait pas, on allait à la station d'après. Mais à l'époque c'était la Nationale 7, ce n'était pas l'autoroute, c'était une petite route. Il y avait certains pompistes qui nous jetaient des trucs sur la voiture sans jamais rien casser, on se faisait insulter. Peut-être nous traiterez-vous de débiles, de tarés, d'irresponsables, c'est compréhensible et vous aurez certainement raison ! Mais par contre, jamais vous ne pourrez imaginer à quel point nous avons ri entre deux pompes à essence. Quoi qu'il en soit, nous finissions quand même par arriver à Cannes, sur les plages.

Non ! Pas sur les plages, nous allions sur *LA PLAGE* ! Cette plage n'était pas n'importe quelle plage de Cannes. Elle avait pour nom La Plage Sportive. De sportive, elle n'avait que ce pompeux qualificatif. Quelques mètres carrés de sable blond où l'on pouvait jouer au volley-ball, un portique avec ses agrès, quelques cabines pour se changer en tenue de plage, le tout en bois peint, blanc et bleu. Sur le sable, des matelas, des parasols, un ponton de planches étroites s'avançait de quelques mètres dans l'eau bleue de la Méditerranée. Au bout de ce ponton, piloté par un vieux pêcheur au visage buriné, hâlé jusqu'au noir d'encre de Chine, un bateau à moteur, un Riva, qui jadis avait dû être superbe. Le Riva permettait, hélas moyennant finances, d'aller soit aux îles de Lérins toutes proches ou encore de faire un quart d'heure de ski nautique, deux *must* luxueux qui, à l'époque, nous étaient interdits par nos faibles moyens financiers. Mais quand même, nous étions à Cannes, au soleil, sur le sable brûlant avec la mer devant nous, c'était Byzance.

Dans les années cinquante, la Croisette était à deux voies. La Croisette avait la largeur d'un petit boulevard qui allait du vieux port jusqu'au Palm Beach, avec des palmiers. Les plages le long de la Croisette étaient des concessions que les locataires payaient à la mairie, elles étaient en bois et totalement démontables. Au mois d'octobre, toutes les plages étaient totalement démontées, c'était des kits, et au mois de mars les gens remontaient leur plage. La Plage Sportive était comme toutes les autres, trois mètres en contrebas. La Plage Sportive était tenue par une fille adorable qui s'appelait Madeleine, qui avait épousé un Monsieur Tétard. On n'a jamais su son nom de jeune fille. Madeleine a commencé à faire la plage à Cannes dans les années trente-sept, trente-huit, avant la guerre. Pendant la guerre, en zone libre, elle était une espèce de refuge. Elle avait le don d'attirer toutes les célébrités possibles et imaginables. Moi, j'ai connu la Plage Sportive à l'été 1951. J'ai connu Roger à Noël cinquante, et en cinquante et un, il m'a amené au mois de juillet dans sa famille qui avait une villa à Cannes qui s'appelait *La Colombine*. De la villa *Colombine*, on m'a précipité sur la Plage Sportive qui avait des cabines en bois, un comptoir en bois et des parasols bleus et blancs et des matelas blancs. La Plage Sportive était divisée en trois parties. Il y avait toute la partie des matelas après une espèce d'auvent, avec des tables pour déjeuner. C'était la partie qui descendait jusqu'à la mer, enfin jusqu'à la distance réglementaire du passage où tout le monde pouvait marcher pour aller à la mer. La deuxième partie, c'était le comptoir de Madeleine, l'auvent, les tables de resto pour déjeuner. Tout à fait sur la gauche, il y avait deux piquets avec un filet où on pouvait jouer au volley-ball. Il n'y avait pas de portique, il n'y avait pas d'autres agrès. C'était un mètre en dessous de la Croisette. Pas Le Poulain parce qu'il n'était pas trop sportif, pas beaucoup Roger parce qu'il n'aimait pas tellement ça, Charon, Robert, moi, et Carrère, venions jouer au volley-ball comme ça, pour nous marrer, ça durait une demi-heure, une heure.

Célimène, Roxane et Compagnie, Briois, Carrère, De Leseleuc, Sophie, Madame de Raynal, Le Rouge du théâtre et le Noir des fouilles curieuses, Sophie Raynal, un portrait ? C'est présomptueux. Mémoires ? Superfétatoire, caricature… Avatar qui n'est pas de mise, alors, un croquis ? Alors, va pour croquis ! Sophie Raynal, *Croquis d'une fausse inconnue*.

L'ancêtre des souvenirs, la grand-mère :

— Qu'est-ce qu'on me dit ? La petite veut faire du théâtre ?

Si, apprendre à lire, écrire, compter, sont des disciplines incontournables, la *déclamation* dévore la gamine. La passion est si forte que la voilà élève du Conservatoire national de musique et de déclamation qui va devenir très vite Conservatoire national d'art dramatique.

La voilà élève de première année et l'entrée à la Comédie-Française se profile déjà au loin. Elle est belle, très, elle est éclatante. Elle a aussi oublié d'être bête : dès qu'elle paraît sur le théâtre, on ne voit qu'elle, on ne regarde plus qu'elle. Incontestablement, elle a de la présence, comme disent ses professeurs. La voix est belle, mélodieuse, déjà bien posée naturellement. Le timbre possède des harmoniques d'une flexibilité modulable qu'elle utilisera avec une maîtrise parfaite, comme disait Saint-Granier sur les ondes du *Poste parisien* à certains candidats du *Crochet radiophonique*. Elle a une voix et un physique de théâtre. Rue du Conservatoire, elle invente un métier très rare : *Donneuse de répliques* et dans ce nouvel emploi, on se l'arrache ! Avec une urbanité exquise, elle donne la réplique à tous ses camarades sans désemparer et tous les professeurs la voient apparaître sans trop d'étonnement, donner la réplique à tous leurs élèves. Au terme de sa deuxième année d'études, elle sera sûrement, à titre exceptionnel, admise à concourir pour un premier prix de comédie, voire de tragédie, car elle dit remarquablement les vers de Racine et de Corneille.

Tout semble donc réuni pour un engagement de pensionnaire à la tant désirée Comédie-Française. Mais, deux muses, divinités du théâtre, *Melpomène* et *Thalie,* vont en décider tout autrement. La jeune compagnie de Madeleine Renaud et de Jean Louis Barrault, transfuges de la Comédie-Française, vient de s'installer au Théâtre Marigny à Paris. La troupe comporte une vingtaine d'artistes mais, malheur, il manque un élément : l'indispensable, l'incontournable, l'inévitable *jeune première* ! Une *jeune première* est une personne qui, suivant la tradition dramatique, doit avoir les qualités requises pour interpréter les rôles d'ingénue. L'industrieux Barrault cherche partout, auditionne à tour de bras toutes les comédiennes de Paris et des provinces et… ne dégote pas l'oiseau rare. Un comédien de la troupe lui signale une jeune, très jeune élève du Conservatoire en première année, une certaine Raynal. Tiens… tiens… tiens… ! Sophie Raynal qui, assure le jeune comédien, vaut la peine d'être auditionnée. *Ainsi fut fait de tous deux et l'on mit près du but, l'enjeu !*

L'audition est un succès, Barrault est comblé, Madeleine Renaud n'y voit aucun inconvénient, la jeune Raynal a trente ans de moins qu'elle… Et ceci explique cela, surtout au théâtre ! Le ciel et l'horizon s'obscurcissent à la rédaction du contrat d'engagement. En réalité, pour l'état civil, la jeune Raynal Sophie n'est autre que Mademoiselle Briois Anne… Et pourquoi cette double identité façon *Mata Hari* ?

Lorsque l'on est élève du Conservatoire, il est strictement interdit de paraître sur une scène de théâtre, sinon avec une autorisation du directeur, sous un nom différent de son patronyme de naissance. Mademoiselle Briois à la ville et au Conservatoire se transforme donc en Raynal Sophie sur les planches. Ancien élève et lauréat du Conservatoire, Barrault connaît bien cette règle stupide. Pour la jeune Briois-Raynal s'engage alors une manière de bras de fer entre la Compagnie Barrault et la direction du Conservatoire. D'un côté Barrault promet tous les rôles de jeune première du répertoire, il ne peut pas faire autrement, des émoluments mirifiques, des voyages dans le monde entier où, tout en jouant la comédie, on découvre les merveilles de la planète. De l'autre côté, le Conservatoire fait miroiter à Briois, pas à Raynal, des Premiers prix et l'entrée quasiment certaine à la Comédie-Française, voire au sociétariat. Les beaux rôles, l'avantageux contrat et l'attrait des grands voyages, font pencher la balance Briois-Raynal vers la Compagnie Renault-Barrault. Tant pis pour le Conservatoire, les premiers prix, pour la, désormais, pensionnaire de la Compagnie Renault-Barrault, le sort en est jeté et l'aventure va durer dix années. Qui dit ou qui fait mieux ? Dans le même temps, la pétulante et trépidante jeune première cède aux avances amoureuses d'un jeune réalisateur de la naissante télévision, et… elle l'épouse ! La demoiselle Briois Anne — Raynal Sophie — devient Madame Anne Carrère et, pendant vingt-cinq ans, elle paraîtra sur les planches des théâtres sous ce patronyme. Évidemment, moins Madame qui se transforme automatiquement en Mademoiselle puisque nous sommes au théâtre. Si avec Jean-Paul Carrère le mariage fut express, leur union fut aussi brève qu'un déjeuner de soleil.

— Mademoiselle Briois, acceptez-vous de prendre le pseudonyme de Sophie Raynal pendant vos études au Conservatoire ?

— Avec plaisir.

— Sophie Raynal, acceptez-vous d'échanger votre pseudonyme contre celui de Mademoiselle Anne Carrère ?

— Avec joie.

— Anne Carrère, vous devez admettre que ce patronyme sera désormais votre nom de théâtre.

— Alors, admettons-le !

Mademoiselle Carrère est dynamique, véloce et entreprenante. Dotée d'une conscience professionnelle exemplaire, elle honore scrupuleusement ses engagements vis-à-vis de la compagnie Renaud-Barrault. Cependant, un paupérisme dramatique s'installe peu à peu chez la comédienne. Elle brûle de jouer un certain nombre de personnages que la Compagnie ne lui donnera pas l'occasion d'interpréter. Que faire ?

Mademoiselle Carrère est entreprenante et intrépide, il n'en faut pas plus pour qu'en marge des *Barrault*, elle crée sa propre compagnie où elle pourra, enfin, assouvir son appétence de comédienne. On lui présente un jeune homme, frais émoulu de Sciences Po que le commerce indiffère et qui abhorre la politique, ce lauréat de Sciences Po a au bout de ses doigts un crayon magique, il se révèle industrieux, débrouillard, champion du système D et il est dingue de théâtre. Avec quelques morceaux de chiffons trouvés çà et là, il confectionne un costume éblouissant, avec des cageots vides récoltés aux Halles, il construit un décor éblouissant ! Quelque dix années plus tard, il va devenir une des stars de la Télévision et près de quatre cents fois le téléspectateur entendra cette phrase mythique :

Les décors sont de Roger Harth.

L'émoulu de Sciences Po au crayon magique, précipite sur Anne Carrère un jeune allumé de la Radiodiffusion, dingue aussi de théâtre qui va, d'après ce qu'on lui rabâche à longueur de pièces, inventer un nouveau métier du théâtre, *Décorateur sonore*. Au bout de soixante années d'activité théâtrale où il exerce *sa coupable industrie*, il va finir par le croire. Une comédienne qui brûle de tout jouer, un décorateur inventif, un manipulateur de musiques et de bruitages en tous genres, la Compagnie Carrère commence à se structurer. Tout jouer, jouer tout, monter des spectacles, mais où et dans quels lieux ? À cette époque bénie, l'on trouvait des directeurs qui prêtaient leur théâtre ou qui, pour une bouchée de pain, le louaient aux jeunes qui débutaient et ceci est l'exacte vérité ! Incroyable, non ?

Monter *Le Cid* avec Anne Carrère dans le rôle de Chimène, *Les Caprices de Marianne* avec Anne Carrère dans le rôle-titre, *Le Bourgeois Gentilhomme* avec Anne Carrère dans le rôle de Dorimène, tout cela est bel et bon, mais… Question : avec qui ? Avec des comédiens pour interpréter les rôles. La seule chose qu'un acteur demande, c'est de jouer et jouer le plus souvent possible. Les conditions importent peu. Et là, l'industrieuse Carrère va user et abuser de ce postulat. Elle rassemble ses anciens camarades du Conservatoire, débauche les élèves de cette prestigieuse école et finit par constituer une troupe. Une direction, une troupe, des théâtres, tout est réuni pour jouer. Jouer, bien sûr, mais devant qui ? On ne joue pas devant une salle vide, alors comment la remplir ? Et là, l'ingénieuse Carrère va trouver l'idée salvatrice : jouer devant des enfants. La Compagnie des classiques Anne Carrère va jouer devant des enfants les pièces classiques qui sont au programme de leurs études. Et là se pose la question cruciale : quand ? Une seule possibilité : le matin ! À neuf heures du matin ! Cela paraît incroyable, mais tout est authentiquement exact. L'infatigable Carrère démarche les écoles de Paris et d'alentour et, peu à peu, remplit le théâtre d'enfants spectateurs. Le succès est au rendez-vous, il faut multiplier les représentations pour satisfaire les demandes. Et cette folle aventure, au succès assuré, qui paraît parfaitement invraisemblable, va perdurer un peu plus de huit années consécutives. Femme protée, elle est à la fois directrice, administratrice, metteur en scène et interprète du répertoire de la Compagnie des classiques Anne Carrère. Alors, vous faites du théâtre et l'après-midi et le matin ! Dotée d'une conscience professionnelle exemplaire qui ne faillit à aucun de ses engagements, l'hyperactive et trépidante Carrère ne chôme pas, et loin de là ! Le matin, les classiques devant son jeune public, de midi à deux heures, elle s'enferme dans un studio de doublage de films américains où elle est, entre autres, la voix française de Marilyn Monroe. À quatorze heures, si elle ne répète pas le prochain spectacle de la Compagnie Barrault, elle joue un classique pour les écoles ou elle double un film, ou elle enregistre un feuilleton radiophonique, ou elle tourne un rôle dans un film de cinéma, ou elle répète le prochain spectacle de la Compagnie des classiques Carrère. Le soir, elle tient ses rôles dans la Compagnie Barrault et après la représentation, elle passe deux ou trois heures à apprendre les rôles qu'elle va interpréter prochainement. Ah ! J'oubliais la période de l'été ! Son appétit de paraître sur le théâtre et de jouer la comédie est tel que, pendant l'été, la comédienne participe à quatre ou cinq festivals d'art dramatique qui enrichissent nos belles provinces françaises, ce qui signifie qu'il lui faut apprendre et répéter quatre ou cinq rôles de pièces différentes qu'elle ne jouera que trois ou quatre fois chacune. Et la citoyenne Sophie Raynal et la ci-devant actrice Carrère vont mener ce train d'enfer pendant une bonne vingtaine d'années ! Et voilà le travail !

Je vois la mine de mon crayon à croquis qui s'amenuise dangereusement. Alors, un soir, le rideau rouge est tombé une dernière fois entre Sophie Raynal et son public, définitivement, entre la comédienne Carrère et le théâtre. Le destin vient de faire entrer la vie de Mademoiselle Briois dans un autre univers. Le bouleversement est tel que Sophie Raynal et Carrère vont faire place à un nouveau patronyme : Anne de Leseleuc. La froideur des bancs qui garnissent les amphithéâtres des universités va remplacer la chaude intimité des loges de théâtres. Elle est d'abord élève de l'École du Louvre. Très peu d'années se passent et Anne de Leseleuc prépare une thèse de Doctorat d'Histoire médiévale qu'elle soutient et remporte avec félicitations du jury. Encore un peu d'années se passent et le Docteur en Histoire médiévale est nommé chercheur au CNRS. Comme tous les chercheurs, la curiosité aiguillonne Anne de Leseleuc, qui devient friande de fouilles curieuses qui l'amènent à publier le résultat de ses travaux dans de très sérieux ouvrages universitaires. En marge de ses activités officielles au sein du CNRS, le goût de la fiction historico-romanesque dérivée de l'intrigue théâtrale ne l'a pas abandonnée. Invente-t-elle le polar ? Bien sûr que non. Mais le polar historique qui met en scène les personnages historiques de sa spécialité, certainement oui ! Et ça marche ! Ça marche même très fort. Malgré tout, au terme de deux extraordinaires carrières, aussi contraires et brillantes l'une que l'autre, flotte encore autour d'Anne de Leseleuc des fragrances fugitives, parfums évanescents de loges de théâtre et quelquefois des bouffées d'échos légers, impalpables, volutes sonores d'applaudissements surgissant hors du temps d'un théâtre qui aurait été celui d'une fausse inconnue qui se faisait appeler Sophie Raynal.

Il faut bien comprendre que la Plage Sportive depuis les années quarante-huit, cinquante, jusqu'en soixante-quinze, a été à Cannes la plage des célébrités. Toutes les célébrités françaises et étrangères sont passées chez Madeleine. Il y avait deux périodes : la période du Festival de Cannes où le monde entier passait chez Madeleine et l'été, il y avait quelques personnes étrangères et un fond de clientèle absolument indéboulonnable. Il y avait Roland Lesaffre, son pote, Béjart et Jorge Donn, Leseleuc et Carrère, Roger et Fred, Charon, la femme d'un des Compagnons de la chanson, celui qui chantait la basse qu'on appelait : *boum la main de ma sœur !* Jaubert, *Les Trois Cloches*, Erlanger le grand spécialiste d'Histoire, c'était absolument hallucinant. Il y avait des matelas déterminés. Béjart avait les deux matelas au deuxième rang côté gauche avec Jorge Donn, Roger, Charon, Le Poulain, Iskander, Jackie,

Marc Doelnitz, on était beaucoup remontés vers le comptoir de Madeleine, vers l'auvent avec les tables pour déjeuner.

Jacotte Prodhon qui était la veuve de Monsieur Prodhon, lequel Monsieur Prodhon était patron de la maison Carven, surtout propriétaire des parfums de la maison Carven. Au décès de son époux, Madame Carven a hérité des parfums de la maison Carven, elle n'habitait pas sous le pont Alexandre-III. Madame Carven connaissait Madeleine Tétard depuis trente-six ou trente-sept. Pendant ces années trente-six, trente-sept, quand son mari était encore vivant, ils venaient passer leurs vacances à Cannes. Sur une plage, ils ont rencontré une dame avec qui ils ont été très amis. Jacotte et son mari ont financé Madeleine Tétard pour qu'elle puisse acheter une concession à l'année pour pouvoir faire la Plage Sportive. Madeleine disait :

— Jacotte a été ma première cliente.

Comme à l'époque le père Tétard n'avait pas beaucoup de fric, c'est Jacotte qui a été la mécène de Madeleine Tétard. C'était à l'époque de l'ancien Palais, la municipalité a décidé de faire la Croisette à double sens. On a refait côté mer une avenue. Le premier sens, c'était La Napoule, Palm Beach, et le deuxième sens, Antibes, Golf Juan. La municipalité a interdit l'aménagement des plages en bois et ça a été fait en dur. C'était fait en ciment et indémontable. En janvier, février, il y avait des tempêtes épouvantables et à l'époque du festival il fallait nettoyer les plages. Il y avait un mètre, un mètre cinquante de sable, tout était à moitié englouti sous le sable et Madeleine disait :

— J'en ai pour quinze jours à déblayer tout le sable avant le festival.

Dans les années soixante-dix, Madeleine avait construit une cuisine en dur où l'on pouvait manger de petits plats chauds. De temps en temps, Madeleine venait nous dire :

— Tiens, viens nous donner un coup de main.

Alors on faisait le service. Tout le monde s'y mettait, Roger, moi, Le Poulain sûrement pas, il disait qu'il n'y voyait rien du tout, Charon, Iskander, Jackie, on faisait le service, on aidait

Madeleine. Il y avait un vieux marin avec un Riva, il était gentil comme tout, et on lui disait :

— Tiens, je vais faire un coup de ski.

Avec Charon, avec Carrère, avec Hirsch, nous sortions deux trois fois dans la journée. Monsieur Charon avait imaginé de prendre le Riva tous les jours pour aller au bistro de Sainte Marguerite prendre l'apéro. Alors l'apéro, c'était du Ricard plus des tout petits poissons grillés qu'on mangeait d'un coup. Monsieur Charon avait inventé un roulement : comme dans le bateau on ne pouvait pas monter plus de cinq, le lundi c'était le Poulain, Roger, Jacotte, Doelnitz, Charon, le mardi c'était moi, Chazot, Dreyfus, le patron du marché Saint-Pierre. Charon disait au marin de venir nous chercher dans une heure. Alors moi ce que je faisais, c'est qu'une fois que le bateau avait débarqué tout ça, je chaussais les skis et je rentrais de Sainte-Marguerite jusqu'au ponton de la Plage Sportive, ça me faisait un tour à l'œil.

À l'époque, on avait vingt ans, vingt-deux ans, Charon, qui avait quatre ans de plus que nous, avait vingt-six ans, Le Poulain avait deux ans de plus que nous, il avait vingt-quatre ans. Nous étions en pleine forme. Nous faisions tous les jours une partie de volley vers quatre heures, qui durait une demi-heure à trois quarts d'heure. Un jour y a Iskander qui dit :

— Ah ! j'vais faire une partie de volley.

Aussi, on était trois de chaque côté et tout d'un coup, c'est Iskander, y avait Hirsch en face, Iskander fait tout à coup à haute voix :

— Roberta, passez-moi le baslon s'il vous plaît, faites attention à mon eslin.

Le Poulain enchaînait, Doelnitz enchaînait et c'était à haute voix. Charon, lui qui a toujours été un observateur de nos conneries, ne parlait pas en vieux français, et riant tous comme des folles. Au bout de trois minutes, il y avait cent cinquante personnes sur le bord de la Croisette qui regardaient ça, complètement médusées.

À la sortie de Cannes, il y avait un resto où on allait assez souvent dîner. Le soir, c'était la cour de l'hôtel qui était transformée en restaurant. Au centre de cette cour, il y avait un énorme platane dont les branches étaient assez basses, en faisant une traction on pouvait s'asseoir dessus. Un soir, on vient dîner. On s'installe et puis il y a Le Poulain qui se lève, qui monte dans le platane, qui s'assied sur la branche et qui commence à chanter :

— *Chantez, chantez Magnanarelles, car la cueillette... Chantez, chantez...*

Mireille de Gounod

Il n'avait pas dit deux mots, que Hirsch était déjà monté et chantait avec lui, et ils effeuillaient les feuilles du platane qui tombaient dans la bouffe des gens à côté. Là-dessus, Iskander est arrivé, hissé par Le Poulain et tout à coup dans l'arbre, il y avait une espèce de chorale qui créait le premier tableau de *Mireille* quand elles sont dans les mûriers, qu'elles prennent les cocons en chantant :

— Chantez, chantez...

Il y avait quatre-vingts à quatre-vingt-dix personnes qui se sont arrêtées de bouffer médusées. Une dame a crié :

— Ah ! Bravo ! Eh bien, bravo ! Ah ben ça, je ne manquerai pas de la raconter quand on va rentrer. Ah ! Je n'avais jamais imaginé que l'on pouvait faire des choses pareilles !

Et c'était Renée Faure qui était en vacances avec son mari dans cet hôtel. On ne savait pas qu'elle était là et tout à coup, on a vu Renée Faure, grande sociétaire de la Comédie-Française, complètement médusée. Après, elle est descendue bouffer avec nous. Robert Hirsch avait une voix absolument superbe, le Poulain chantait à moitié juste, à moitié faux, Iskander chantait tout à fait juste, Marc Doelnitz, qui l'a prouvé à l'Alcazar avec Jean Marais, chantait tout à fait juste. C'était tout à fait crédible, mais malheureusement à l'époque on n'avait rien pour enregistrer. Sur les allées à Cannes, entre le pan maritime et le vieux port, il y a une grande allée avec un kiosque à musique. Deux fois par semaine, l'orchestre de la fanfare municipale de Cannes, à neuf heures et demie du soir jusqu'à dix heures et demie, jouait. Nous étions tous là, on finissait de bouffer vers neuf heures et demie et le concert commençait. On se lève et on se mêle à la foule qui était autour du kiosque, les gens étaient sur de petites chaises pliantes et malheureusement, malheureusement, malheureusement, il y a une fin de morceau qui s'arrête, le deuxième morceau qui commence, *Le Lac des cygnes* de Tchaïkovski. Et tout d'un coup, *Le Lac des cygnes* commence, papapapa papa papapapapa. On a vu se lever Hirsch, Le Poulain et ils ont commencé à danser le pas de deux du *Lac des cygnes* devant trois cents personnes totalement médusées. Il faut dire que Hirsch avant d'être à la Comédie-Française était pratiquement premier quadrille à l'Opéra.

Hirsch dansait parfaitement bien puisqu'il l'a prouvé en dansant *Le Lac des cygnes* sur pointes au Gala de l'Union. Charon suivait bêtement et Le Poulain ne savait rien faire du tout. Les gens hurlaient de rire, on n'entendait plus la musique tellement les gens hurlaient de rire. Et, à ce moment-là, il y a un flic qui est arrivé, qui a tapé sur l'épaule de Hirsch et qui lui a dit :

— Vous zêtes pas un peu fadas !

Et ça s'est arrêté là. Nous étions malades de rire.

Il y avait deux plages après la Plage Sportive, une plage qui s'appelait l'Ondine, une plage où il y avait toutes les folles, les folles tordues possibles et imaginables, toutes les folles qu'on trouvait chez Madame Arthur ou chez Michou. Si on allait une fois à l'Ondine, nous, on ne nous parlait plus du tout pendant trois semaines. Il n'y en avait qu'un qui pouvait se permettre ça, c'était Iskander. Et Jackie, tous les jours vers trois heures et demie, quatre heures, disparaissait. Il allait à l'Ondine voir ses copines de chez Madame Arthur, de chez Michou qui étaient là en vacances et puis il revenait après. Un beau jour, il y a une espèce de folle qui est arrivée sur la Plage, qui est allée parler à Charon.

— M'sieur Charon bonjour, voilà nous sommes une bande de camarades et nous allons jouer derrière le Casino des Fleurs.

On a loué et nous donnons un spectacle, nous serions extrêmement flattés si vous veniez. Notre première du spectacle est après-demain, ça nous ferait tellement plaisir de vous avoir comme invités avec vos amis.

Tout ça goupillé par Iskander. J'attrape Iskander :

— C'est toi, Jackie, qui a préparé ce truc ?

— Oui, mais tu comprends y a la Maréda, y a la Pauline que j'aime beaucoup, y a la Jeanette !

Monsieur Charon, toujours bien élevé et toujours bien urbain, dit :

— On va y aller.

Je dis à Doelnitz :

— Moi, j'ai pas tellement envie d'y aller.

— Oui, mais Charon a dit qu'on y allait, après il va faire la gueule, il s'est engagé.

— Bon, on y va.

Il y avait une petite scène comme un café-théâtre. Ils nous mettent une table à trente centimètres de la scène. Le spectacle commence. Jackie, maître de maison, recevait tout le monde, et les tableaux commencent. Un tableau, deux tableaux, trois tableaux, au fur et à mesure avec la bande qui tourne. Je les vois maquillés comme des roues de carrosse sicilien avec des robes colorées et y a Doelnitz, je ne sais pas ce qu'il dit, je ne sais plus ce qu'il dit, et nous voilà pris de fou rire à vingt centimètres de la scène. Roger frisait l'apoplexie, moi, je me pinçais pour ne pas éclater de rire, nous étions tous pliés en deux et Charon, choqué :

— Vous êtes très mal élevés, vous êtes très mal élevés ! (Impossible de partir.) Vous êtes très mal élevés !

Jackie faisant celui qui n'entendait rien du tout, Marc Doelnitz n'arrêtant pas de faire des sous-titres, ça a été une soirée horrible. On est partis en les remerciant beaucoup, on est parti en courant. Charon nous a engueulés le lendemain :

— Ouais, vous vous êtes conduits comme des mal élevés, c'est honteux !

Jackie ne nous a plus parlé de ça. À quatre heures de l'après-midi, nous étions allongés dans le sable sur le ventre, Charon, Roger, moi, Marc, Chazot, Jacques François, nous jouions au petit bac. Tout d'un coup au milieu du petit bac arrive Iskander tout froufroutant avec un mec à l'époque ultra-célèbre, un tra-velo ultra-célèbre, c'était une star. Il s'appelait Barbara Buick. Jackie arrive avec lui à cinq heures de l'après-midi. Barbara Buick, avec de faux cils grands comme ça, peints comme deux roues de carrosse sicilien, avec des frous-frous, des volants, et Jackie nous disant :

— Je venais sur la plage, j'ai rencontré Barbara, je n'ai pas résisté au plaisir de vous amener Barbara.

On était tous à plat ventre dans le sable. Il arrive à hauteur de Charon :

— Jacques, je te présente Barbara Buick.

— Oui, bonjour.

Chazot lève les yeux :

— Oui, bonjour.

Roger, imperturbable :

— Bonjour.

À moi :

— Bonjour.

Enfin, à Jacques François :

— Jacques, je te présente Barbara Buick.

Jacques lui fait :

— Bonjour, Môôônsieur.

Et Charon nous disait :

— Vraiment vous exagérez, vraiment vous exagérez.

Madeleine nous fait une bourride. J'adore la bourride, c'est une bouillabaisse où tous les poissons sont mélangés avec de la purée et de la crème fraîche. Je bouffe une bourride comme un cochon. À cinq heures de l'après-midi, j'étais malade comme une bête, envie de dégueuler. J'avais bouffé trois por-tions de bourride et, tout à coup, je me lève, je titube, je vais au bateau, je dis au marin :

— T'as les skis ?

— Oui, oui.

— Bon, eh ben, on va faire des p'tits tremplins.

Je suis parti avec le bateau, je me suis fait cinq tremplins, cinq skis de saut, et les bourrides sont passées comme si j'avais bu une bouteille de *Fernet-Branca*.

Un jour avant le festival, on descend avec Roger à la maison et, la seule plage qui était ouverte, c'était le Carlton. Au mois de février, quand il fait beau, tu déjeunes au Carlton en bras de chemise, à quatre heures, tu mets trois pulls. Roger est dans son transat avec son bouquin d'histoire, *Le siècle de Louis XIV* ou un bouquin comme ça, et je lui dis :

— Je vais faire un coup de ski.

— Ouais, si tu veux.

— Tu viens au bateau ?

— Non, non, non, sûrement pas.

Il était dans le transat avec son bouquin incliné devant les yeux, le visage complètement caché par le bouquin. J'vais faire mon ski nautique pendant vingt minutes, je reviens, Roger était toujours dans son transat et dans la même position, le nez collé dans le bouquin et y m'fait :

— Tu es tombé trois fois !

Nos aventures sur la Plage Sportive ont duré vingt-cinq ans de suite, de 1951 à 1976.

Avec la plage de l'Hôtel Carlton, notre Plage Sportive était réputée la plus luxueuse et la plus expansive des plages de la Croisette.

À l'époque, nous n'avions pas un sou. On gagnait à peine de quoi vivre, mais on se débrouillait. De 1950 à 1975, nous avons passé toutes nos vacances sur la Plage Sportive.

La Plage Sportive, avec sa réputation de super luxe, était dirigée de main de maître par une personne plus que surprenante, une femme très belle, svelte, blonde, assortie d'un charme fou, intelligente, madrée, des yeux étincelants, de l'autorité à revendre. Avec une intuition infaillible, elle organisait tout, régentant tout, elle aurait pu être rédactrice en chef de *Marie-Claire*, première vendeuse chez *Dior*, public-relations chez *Cartier*, et bien non, elle régnait sur la plage *super chic*, *super snob* de Cannes.

Madeleine, dans un éclair de ses yeux magnétiques, vous jaugeait, vous évaluait, vous soupesait, vous admettait sur sa plage pour toujours ou vous rejetait de son sable, à jamais. Sa clientèle, hypersélectionnée, était triée, tamisée, filtrée. Madeleine pouvait être ou parfaitement odieuse ou totalement adorable, suivant ce qu'elle avait décidé d'être, un point c'est tout. Chez Madeleine, il n'y avait pas de clientèle, ses habitués étaient pour elle des amis, sous-entendu payant, sous-entendu payant fort cher. Les Anglais emploient un charmant euphémisme humoristique que Madeleine s'était empressée de faire sien : ses clients, pardon, ses habitués, repardon, ses amis, étaient tous ses *paying-guest*.

Madeleine Tétard pour une directrice de plage qui vend du sable et de l'eau, c'est une sorte de comble. Et je t'assure que ce têtard du bord de mer savait nager, surtout entre deux eaux minérales de préférence, entre autres sortes de boissons. Madeleine avait un instinct sûr du *public relation*. Elle drainait sous ses parasols tout ce qui avait été, était, ou allait devenir célèbre, tout le cinéma, le théâtre, la littérature, la politique, les arts, tout ce que l'on appelle maintenant le *show-bizness* a été ses clients, ses amis clients.

Si ma mémoire est bonne, les plages étant en contrebas de la Croisette, il y avait un petit escalier qui permettait d'accéder à la Plage et au pied de cet escalier le gardien du sérail, le Cerbère-Tétard. Comment faire alors pour être admis *Ami* sur le sable de Madeleine ? L'admission, le sésame, se faisait par une sorte de parrainage. Un *Ami* de la plage présentait à Madeleine un potentiel *Nouveau client* un *Nouvel Ami*. Le *Nouvel Ami* jaugé en un clin d'œil par Madeleine, s'entendait dire dans le meilleur des cas :

— Bonjour, j'ai un matelas pour *TOI*, *TU* bois quelque chose, *TU* es mon invité.

Le *Nouvel Ami* étant d'entrée tutoyé, le *Nouvel Ami* était d'emblée adopté. Dans le cas contraire, Madeleine disait :

— *VOUS* voyez bien que je suis complet, je n'ai rien pour

VOUS.

L'arrêt était sans appel. Comment avons-nous donc fait pour être admis sur le sable de Madeleine Têtard ?

Notre parrain, notre parrain à nous : Jacques Charon. Quand j'ai connu Roger l'hiver 49-5O, j'ignorais alors que ses parents possédaient à Cannes une villa, la villa *Colombine*, qui aurait pu être superbe et invivable, mais qui était en fait une sorte de caserne utilitaire, superconfortable et totalement cool.

Comme la Plage Sportive, la villa *Colombine* affichait complet à longueur d'été et contrairement à Madeleine, les parents de Roger ouvraient toutes grandes les portes de leur villa. La *Colombine*, l'été, c'était la Villa du bon Dieu. La famille de Roger, c'est la Famille du bon Dieu. Roger, depuis 1946 passait ses vacances à Cannes dans la villa de ses parents. De son côté, Jacques Charon, déjà grand sociétaire de la Comédie-Française, était reçu l'été à Cannes par ses amis Monsieur et Madame Tore qui possédaient un superbe appartement au Palm Beach. Depuis fort longtemps, Monsieur et Madame Tore étaient de grands *Amis* de Madeleine Tétard. Monsieur et Madame Tore ont présenté Charon à Madeleine Tétard. Un sociétaire de la Comédie-Française, superbe comédien, déjà connu au cinéma, une future star… Avec Madeleine ça ne fit pas un pli :

— Bonjour mon petit Jacques, sois le bienvenu à la Sportive, prends donc ce matelas et ce parasol. Que veux-tu boire ? Tu es mon invité.

Et clac, c'était fait. Charon était adopté et, jusqu'à ce que le bon Dieu nous le reprenne, Jacques ne passa jamais d'autres vacances que sur le sable de la Plage Sportive. C'est Charon qui amena le pensionnaire du Français, Robert Hirsch, qui devint longtemps le pensionnaire de Madeleine puis Robert entraîna et Jacky et Le Poulain. Le Poulain entraîna Roger à la Sportive et Roger me précipita dans les bras de Madeleine Tétard. Et voilà comment, toujours tous en groupe et sans qu'il soit question de se séparer, nous allions de la Régence l'hiver à la Plage Sportive l'été. C'était *Les Trois Mousquetaires* à sept personnages et, comme dans Dumas, ça a duré vingt ans. Et vingt ans après, il subsiste un beau livre, relié de tendres souvenirs, illustré d'images mouvantes et floues, un peu enjolivées sûrement mais toujours vivaces. Encore attendri par le souvenir de tous ceux qui nous ont quittés.

Cannes a changé, la Sportive a changé, la vie nous a changés, mais dans notre mémoire rien de tout ce qui a été cette partie merveilleuse de notre vie ne pourra jamais s'estomper vraiment. Quelque part, tous dans notre inconscient, nous sommes marqués par le sceau inaltérable des souvenirs.

Le dernier détail, le détail le plus important du rituel d'adoption sur la Sportive, c'est lorsque Madeleine te disait :

— Prends-toi une case sur le tableau noir pour y marquer tes consommations.

Alors là, tu pouvais te dire que tu étais complètement intégré. Un grand tableau noir, divisé en une trentaine de petites cases où, avec un morceau de craie, comme à l'école, après avoir au préalable inscrit nos initiales ou notre prénom, il nous fallait marquer les consommations sirotées dans la journée. Quand la petite case était pleine, Madeleine venait relever son contenu comme le préposé aux compteurs de gaz ou d'électricité. Je le répète, avoir une case sur le tableau noir de la plage, c'était vraiment faire partie de la famille de Madeleine. Roger et moi avions une seule case où nous avions marqué nos initiales RH-FK, cela veut dire que nous n'étions pas de grands consommateurs de boissons, à l'encontre de Jacques Charon qui, lui, avait au moins deux cases. Le *champagne orange*, une coupe de champagne et quelques gouttes du jus d'une orange fraîchement pressée, il paraît que c'est très bon… aux dires de Roger ! Deux cases pour Jacques qui était atteint de deux maladies, la première, une gentillesse chronique, la seconde, une invite suraiguë. Quelqu'un arrivait-il sur la plage qu'aussitôt Jacques s'écriait :

— Bonjour ami, comment vas-tu ? Que veux-tu boire ?

Ce n'était pas une invitation, c'était une injonction. Refuser déclenchait inévitablement un drame. Quant à nous qui passions nos journées avec lui, c'était toutes les cinq minutes :

— Tu n'as pas soif? Tu ne veux rien boire? Si tu veux boire quelque chose, fais-toi servir ce que tu désires et marque-le dans ma case.

Mais par où commencer pour évoquer Jacques Charon? Jacques n'était pas un personnage simple, c'est le moins que l'on puisse dire et je ne sais pas bien par quel côté l'aborder.

Toute la vie de Jacques Charon, publique et privée, a toujours vibré à ce diapason suraigu, surtendu jusqu'à la déchirure. Sous un aspect bonasse, faussement jovial, avec des résonances colériques, Jacques avait des réactions tranchantes comme son profil. Épidermique, Jacques aimait sincèrement ou détestait cordialement. Chez lui, je n'ai jamais connu de juste milieu, urbain et glacé comme du marbre ou chaleureux et tendre comme un gros chausson aux pommes. Sacha Guitry fait dire à son père dans son film *Le Comédien* :

— *La Comédie-Française est une Maison redoutable, terrible et merveilleuse, on n'y entre pas, on n'en sort pas, on y naît et on y meurt.*

Réplique prophétique, phrase elliptique, aussi elliptique que le profil de Charon, dans cette boutade de Guitry, toute la vie d'acteur de Jacques est entièrement contenue. C'est lui-même tel qu'en son entier. Je ne parlerai pas du comédien : l'empreinte indélébile qu'il a laissée, grâce en soit rendue au cinéma et à la télévision, nous permet de le ressusciter à notre plaisir. Pour les acteurs, c'est toujours un modèle, une référence, pour les élèves comédiens, c'est la leçon d'un professeur qu'il a toujours été sans jamais vouloir l'être. Par-devers lui, il a formé au moins deux générations d'acteurs.

Tout d'abord, Jacques avait quelque chose en lui de monté en boucle. D'aussi loin que je me souvienne, et ce jusqu'à ce qu'il nous quitte, je ne l'ai jamais entendu dire pour saluer tout le monde et n'importe qui, autre chose que ce morceau de phrase, litote unique :

— Bonjour ami, comment vas-tu?

Banalité rare, prononcée avec une intonation *mirlitonesque-*

ment aiguë sur la seconde syllabe du mot ami : *MI* et un grincement vocal de violoncelle désaccordé sur le mot *VAS*. Formule d'accueil éternellement répétée toute sa vie et c'est cela, j'en suis sûr qu'il a dû dire au Bon Dieu en arrivant au Ciel.

Pour dissimuler un cœur gros comme ça, au fil des années, tout en épaississant, Jacques s'était fabriqué une carapace, une sorte d'enveloppe de respectabilité dont l'anecdote que je viens de citer n'était que l'un des éléments d'un puzzle à l'intérieur duquel il se croyait invulnérable et qui n'était en réalité qu'une carapace friable comme l'argile. Une autre des pièces de ce puzzle, pièce qu'il croyait également maîtresse, c'était une façon de condescendance froide qui maintenait entre lui et certains de ses interlocuteurs une manière de distance qui interdisait la familiarité. Il ne tolérait que très rarement le franchissement de cette barrière. Était-on un familier de Charon ? Il était inimaginable d'être familier avec lui. Troisième pièce de ce puzzle friable, il s'arrangeait avec une habileté diabolique pour que l'on ne le tutoyât pas, en tout cas le moins possible ou encore mieux, pas du tout. Les tutoyeurs de Jacques étaient rares, voire très peu nombreux. On pouvait quand même piéger Charon. Un soir comme à l'accoutumée, nous étions tous à la Régence après le spectacle : Charon, Hirsch, Le Poulain, Roger, moi et Jacques Chazot. Chazot était danseur, soliste dans le Ballet de l'Opéra-Comique, bien entendu toujours fourré avec nous. Mince, long comme un jour sans pain, très bon danseur, paresseux comme il n'est pas permis de l'être, ultra-mondain, mais pas encore danseur mondain, de l'esprit à revendre, la répartie cocasse, ses aphorismes fulgurants comme l'éclair étaient célèbres. Ce soir-là était le jour de son anniversaire. Je ne sais plus comment dans la conversation générale l'anniversaire de Chazot arrive sur le tapis et Charon de s'exclamer tout à coup :

— Ah ! Jacques, excuse-moi, je savais que c'était aujourd'hui ton *birthday*, je l'avais marqué sur mon carnet, j'ai oublié de me préoccuper d'un cadeau pour toi, dis-moi ce qui te ferait plaisir !

Et Chazot, du tac au tac, sans prendre le temps d'une respiration, répond à Charon :

— Vous tutoyer !

Il s'établit alors un grand silence. Pour nous, la demande semblait démesurée, le silence se transforma en suspense, le suspense dura suffisamment longtemps et Charon, sans rire, dit simplement à Chazot :

— C'est d'accord, tu peux me tutoyer, c'est mon cadeau d'anniversaire.

Et de ce soir mémorable, Chazot, par surprise, piégea Charon et entra d'emblée dans le cercle très restreint des tutoyeurs de Jacques. La puérilité des comédiens n'est-elle pas une de leurs armes les plus efficaces ?

Mille autres détails de plus ou moins d'importance faisaient de Jacques un personnage fabriqué de toutes pièces, mû par une mécanique mise au point comme un rôle. Quoi qu'il en soit c'était pour nous comme une sorte de parrain, sentencieux presque jusqu'à la mauvaise foi ou alors conseiller condescendant.

La fragilité de toute cette mise en scène artificielle était la vulnérabilité d'un cœur gros comme ça, vulnérabilité difficilement camouflable bien longtemps. En contrepartie, l'échappatoire, la retraite, son refuge, était l'explosion colérique. Plus il se sentait piégé, pris la main dans son sac de soupe au lait, plus ses colères de comédie étaient violentes. Personnage tout d'un bloc, Jacques tranchait, décidait, promulguait sans nuances, allant d'un extrême à l'autre, maniant brutalement les ciseaux de la *Parque Atropos* avec l'innocence d'un bambin jetant en l'air un flacon de nitroglycérine et, bien entendu, en retombant ça faisait boum badaboum. Si par malheur, son coup était manqué, il se renfrognait et boudait dans son coin comme un gamin. Tout cet assemblage plus ou moins hétéroclite faisait du personnage de Charon une manière de *melting-pot* où l'homme et l'acteur ne savaient jamais très bien sur quel pied danser. Quant à nous, il nous appartenait de pressentir à quel moment le terrain était miné où non. Hélas, trois fois hélas, beaucoup trop tôt pour nous, nous avons vu s'envoler une manière de montgolfière vers le ciel. Son envol nous a fait pleurer et maintenant encore nous pleurons son départ, mais, tout là-haut, au sommet du ciel, il y a toujours un tout petit point qui batifole malicieusement et dont le sourire narquois nous observe d'un œil rond, l'œil rond de Jacques Charon, rond comme son visage de face de lune rigolarde ou pathétique avec toujours, comme son profil, sa voix coupante comme une faucille, une voix autoritaire, sûre, aux accents aigus de mirliton, le tout assorti d'une présence en scène tellement énorme qu'elle se prolonge jusque dans la vraie vie.

Mais cette présence en scène, cette aisance, cette décontraction, cette volubilité, cette maîtrise de son métier d'acteur, cette technique de béton, un don inné d'homme de théâtre, mais surtout, surtout du trac, du trac jusqu'à s'en rendre malade.

Le trac du comédien, c'est tout en même temps un supplice effrayant et une drogue exquise.

TRAC : Peur que l'on éprouve au moment de paraître en public.

Voilà ce qu'en dit le Petit Larousse, mais le Petit Larousse ne dit pas que cette apparente aisance de l'affrontement avec le public, contre le public devrais-je dire, dissimule artificiellement les plus grandes débâcles, qu'elles soient physiques ou psychologiques et je m'exprime ici par euphémisme. Il n'y a pas de véritable recette, chacun à sa manière d'assumer son trac suivant sa personnalité. Cela peut aller de l'indécelable indice d'une inhabituelle nervosité jusqu'à la plus intolérable douleur physique. C'est comme ça. Ça s'assume sans s'expliquer. Cet effroyable trac doit bien finir par disparaître à un moment ou à un autre. Généralement, il disparaît à la fraction de temps immatérielle qui s'appelle l'entrée en scène. Alors, à ce moment magique, la souffrance, la panique disparaissent et dès cet instant privilégié apparaît chez l'acteur cette troisième dimension qui lui appartient en propre, celle de s'incarner soudainement dans un autre personnage, de se laisser envahir par un autre lui-même dans une situation convenue d'avance, de se laisser totalement habiter par cet autre soi qui n'est pas autre chose que le protagoniste d'une action dramatique. Depuis Sophocle et bien avant même, depuis que l'homme a eu l'outrecuidance ou l'inconscience de s'exhiber devant ses semblables, depuis qu'il a ressenti inconsciemment le besoin vital d'exprimer publiquement ses sentiments personnels et surtout ceux des autres, autrement dit depuis qu'il a inventé, sans réellement s'en rendre compte, le théâtre. Le mystère est le même, éternel et sans solution, mystère merveilleux et terrifiant à la fois, sans cesse renouvelé, symbolique comme un rituel sacrificiel.

À la fin du printemps de 1955, qui a eu l'idée, aussi sotte que grenue de passer quinze jours de l'été en Sicile ? Peut-être bien Roger, amoureux inconditionnel des vieilles pierres. Comment s'est constitué notre quatuor de touristes ? Pourquoi Marc Doelnitz plus qu'un autre de notre bande s'est-il proposé de nous accompagner ? Pourquoi un certain Jean-François Devay s'est-il accroché à nos basques ? Enfin, pourquoi ce personnage curieux, ce satellite accidentel, a-t-il fait irruption dans notre phalanstère ? Bref, qui était donc ce Jean-François Devay ? À mon souvenir vague, un échotier du quotidien *Paris-Soir* qui débutait dans le journalisme en faisant les chiens écrasés du spectacle. Tous les soirs vers minuit, il apparaissait à la Régence et nous lui racontions pêle-mêle des incidents drôles de répétitions ou de représentations et telle une pipelette des coulisses, il rédigeait au fil des jours ses petits papiers. Malgré tout, journaliste de talent, il pressentait le succès de la presse à scandale, il avait raison. Il y fit fortune en fondant le journal *Minute*. La mort l'a emporté très jeune mettant un terme à une carrière aussi brillante que brève. Il traversa notre groupe telle une comète et s'évapora de notre univers théâtral sans y laisser vraiment de traces. Pourquoi s'immisça-t-il dans notre projet sicilien ? D'abord parce qu'avec une superbe autorité, il nous fit miroiter de solides relations professionnelles italiennes susceptibles de nous assurer un gîte princier à des conditions financières imbattables, ensuite il était possesseur d'une gigantesque *Buick*, ce qui éliminait radicalement de notre budget restreint le poste frais de voyage. En résumé, une superbe voiture américaine et quinze jours de gîte assurés dans un pays de rêve. Bref, le nirvana ! Et tout s'organisa comme il vient d'être dit. Avec armes et bagages, du 31 juillet jusqu'au 14 août, nous partirions donc pour la Sicile. Roger et moi, nous étions déjà à Cannes depuis la mi-juillet, Devay et Doelnitz comme convenu, devaient nous y rejoindre et roule la voiture vers Palerme.

Au jour dit, Doelnitz, Devay et la *Buick* débarquent chez les parents de Roger à la villa *Colombine*. Tout aussitôt, le père de Roger amoureux de voitures et grand spécialiste en automobiles, possesseur lui-même d'une *Buick*, n'a de cesse de faire un tour de ville pour essayer celle de Devay. André Harth, au *Top Buick,* aimait les tests. Retour de sa promenade, il informe Devay que sa *Buick* a un sérieux problème de freins, ce défaut est un danger pour la conduite et de ce fait, la voiture n'est pas fiable. Il paraissait prudent, voire indispensable de la faire examiner de plus près par le concessionnaire *Buick* de Cannes. D'ailleurs, avec le père de Roger, tout au moins sur ce chapitre, les discussions n'étaient pas envisageables. André Harth amène d'autorité la voiture de Devay à son garage *Buick*. Il avait raison, son diagnostic était béton. Résultat, deux jours de délai pour réparer les freins et remettre la voiture en état. La famille, toujours bonne pâte, héberge Devay et Doelnitz. Étrange début de cette aventure ! Quarante-huit heures plus tard, quand même un peu inquiet, le père de Roger nous laisse enfin partir tous les quatre pour l'Italie. Devay au volant de sa *Buick* rutilante, Roger et Marc à l'arrière, moi devant, *à la place du mort,* ironise Roger. Nous sortons de France par le col de Tende direction Milan où Jean François devait récupérer de l'argent italien, ensuite Pise, Florence, Sienne, Rome, Naples. Cet itinéraire constituait la première partie du voyage. Les cinq cents premiers kilomètres jusqu'à Pise se déroulent comme dans un rêve et, de cet instant, commence une invraisemblable série de tribulations pour le moins extravagantes, d'ailleurs qu'on en juge !

Acte I, scène 1

À peine sortie de Pise, la voiture prend, comme la Tour, un air penché assorti d'un bruit insolite et pour le moins étrange. *Perpetuum mobile* d'un boulon en folie qui se balade en liberté dans la roue arrière gauche. Lancinant *toc, toc, toc,* de surcroît parfaitement synchronisé avec la vitesse de la voiture. De ce bruit insolite, Devay n'en a cure et continue de rouler. Et *toc, toc, toc,* et re *toc, toc, toc* et re, re, toc, toc, toc, etc., etc. Déjà, depuis Turin, son style de conduite terrorisait Roger, et pour cause ! Jean-François Devay pilotait sa *Buick*, façon Formule 1, shooté à mort avec du Maxiton arrosé de whisky. Je vous entends murmurer :

— Mais qu'est-ce que c'est que le Maxiton ?

Première amphétamine connue en vente libre dans les pharmacies autour des années cinquante, puissant anabolisant, le Maxiton était devenu l'indispensable auxiliaire des étudiants préparant examens et concours, empêchant le sommeil, masquant la fatigue, stimulant les neurones, il donnait de sérieux coups de fouet. Grillant cigarette sur cigarette, avalant pilules de Maxiton sur pilules de Maxiton, arrosées de multiples gorgées de whisky pur, Devay sous l'emprise de ce cocktail étonnant, pour ne pas dire détonnant, conduisait sa voiture en planant, pour employer le parler jeune. Emprisonnés dans ce cercueil à moteur, roulant à tombeau ouvert, et toujours accompagnés par l'insupportable *toc, toc, toc,* du boulon baladeur, nous n'étions pas à la fête. Cahin-caha, nous finissons par arriver à Naples pour passer la nuit.

Scène 2

Soi-disant retenu par Devay, *l'albergo* qui devait nous accueillir affiche complet et refuse de nous héberger. Il s'ensuit, d'hôtel en hôtel, une course folle à travers Naples pour trouver un gîte. Complet, complet partout ! Pensez donc ! En plein mois de juillet ! À force de cavalcades, nous finissons par dénicher un hôtelier qui veut bien nous accueillir. Sauvés ! À peine avons-nous le temps de sortir du coffre de la *Buick* nos valises, qu'en un éclair tout le matériel de peinture de Doelnitz, châssis de tableaux, palette, tubes de couleurs, pinceaux, tout a disparu. Volé! Fou de colère, Marc rabat violemment le couvercle du coffre de la *Buick*.

Scène 3

Et c'est l'horreur! La clé de contact du moteur est restée à l'intérieur du coffre, résultat, impossibilité de démarrer la voiture. Par miracle, les portes de la *Buick*, elles, n'étaient pas verrouillées.

Scène 4

Pour l'heure, comment récupérer la précieuse clé de contact ? Une seule solution s'offre à nous, s'introduire dans le coffre en passant par l'intérieur de la voiture. Mais qui de nous peut jouer le contorsionniste et l'homme serpent tout en même temps ? Évidemment, le plus mince, le plus fluet. Question : lequel est le plus mince ? Qui est le plus fluet de nous quatre ? Réponse : Moi. Alors, au prix de contorsions et d'efforts inouïs, passant par la banquette arrière pour m'introduire dans le coffre, j'ai mis pratiquement deux heures pour récupérer la précieuse clé. Délirant ! Et maintenant entracte et résumé des chapitres précédents. L'exaspérant *toc, toc, toc*, du boulon baladeur, le vol des affaires de Marc, la tribulation de la clé, l'état de semi-coma hallucinatoire de Devay, tout cela était très suffisant pour venir à bout de la patience, à l'ordinaire plus que relative, de Roger.

Acte II, scène 1

Enfin seuls dans notre chambre, j'ai droit à une crise homérique qui se résume à ceci :

— Raconte-leur ce que tu voudras, mais *NOUS* ne continuerons pas plus loin, *NOUS* allons prendre l'avion et *NOUS* les attendrons à Palerme.

J'essaie de faire entendre raison au décorateur, j'essaie de lui faire comprendre qu'il est absolument impossible que, tout au moins moi, j'abandonne Devay et surtout Marc. Recrise. Je le raisonne du mieux que je peux et le Bélier cède à mes arguments mais il est furieux de rester seul à Naples. La nuit se passe.

Scène 2

Le lendemain matin, au moment de reprendre la route, je bafouille à Marc et à Devay une invraisemblable histoire. Roger doit rester à Naples pour visiter plusieurs musées, y trouver de la documentation pour un hypothétique décor, y consacrer le temps nécessaire et ceci fait, nous retrouver à Palerme. Stupéfaction de Jean-François Devay, regards en coin de Doelnitz qui comprend tout, cherche un prétexte pour rester avec Roger et, ne trouvant rien, se tait à regret.

Scène 3

Nous voilà donc repartis toujours avec le boulon baladeur dans la roue arrière et son *toc, toc, toc* lancinant.

Scène 4

Au lieu d'emprunter l'autoroute qui descend la botte italienne par le bord de mer jusqu'à San Reggio de Calabre, pourquoi Devay s'enfourne-t-il sur la route de la Chaîne montagneuse des Apennins ? Itinéraire dément, mais nous roulons tant bien que mal. Et tout à coup, un sinistre grincement de pièces métalliques broyées immobilise la *Buick* au beau milieu d'un de ces rarissimes petits villages perdus dans la Calabre. Il devait être dix heures du matin.

Scène 5

Par bonheur, nous trouvons un garage et par voie de conséquence, un garagiste qui, bien évidemment, ne parlait pas français. Pas plus que moi, Devay ne parle la langue de Goldoni, heureusement Marc, baragouinant un volapük à consonances italiennes, joue le rôle de truchement. Glapissant des sons en *O* et en *I*, le tout accompagné de force gestes, Marc mime plutôt qu'il n'explique les symptômes de notre panne. Bilan : quatre heures de réparations. Cette pause obligée *déshoote* tant soit peu Devay. Enfin, dans le milieu de l'après-midi, nous voilà repartis. Au point où nous en sommes, que peut-il bien encore nous arriver ? Eh bien… rien du tout ! Le *toc, toc* du boulon fou a disparu. Miracle à l'italienne, la *Buick* fonctionne à merveille et, de nouveau sous l'emprise de son cocktail alcolo-maxitonesque, Devay conduit comme fin saoul. Marc, toujours à l'arrière de la voiture, se penche de plus en plus souvent vers moi et me murmure à l'oreille :

— Nous n'arriverons pas vivants… Nous n'arriverons pas vivants !

Sa voix est blanche, ses intonations tragiques. Contrairement à Marc, je ne ressens aucune peur ni angoisse, tout au plus je trouve ce voyage long, très long, trop long, dément. C'est tout.

Scène 6

Aussi long soit-il, nous finissons enfin par arriver à San Reggio de Calabre pour embarquer sur le dernier bac de la journée qui traverse le détroit de Messine et nous débarque dans le port de Palerme. Roger nous y attendait, un Roger goguenard, mais quand même soulagé de nous voir sains et saufs. Le lendemain, dans un état à peu près normal, démaxitonisé, Devay, du bout des yeux visite avec nous Palerme. Le soir, départ à destination d'Aci Trezza, petit village de pêcheurs à l'extrémité de la côte Est de la Sicile où nous attend, enfin, ce gîte pompeux tant prôné par Devay.

Scène 7

C'est la nuit. Nous nous précipitons à l'adresse indiquée. Sur le pas de la porte, toujours par le truchement de Doelnitz, palabres interminables entre le propriétaire des lieux et Devay. Enfin, l'amphitryon sicilien nous montre le gîte somptueux. Les fontaines pétrifiantes sont une vue de l'esprit à côté de la stupeur qui nous cloue sur place. Cet ineffable gîte somptueux ne se compose que de deux caves et de quatre matelas à demi éventrés, jetés sur un sol en terre battue. Et nous venons de parcourir trois mille kilomètres pour échouer dans un cul de basse-fosse !

Scène 8

La situation dégénère, Devay et le propriétaire du gourbi échangent injures, empoignades et j'en passe. Heureusement, Devay finit par récupérer de force les arrhes qu'il avait versées depuis Paris. Bref, nous voilà quatre malheureux Français sans logis, terrassés par la fatigue, au bord du *nervous break-down*, errant comme des émigrés sur la place du village en nous demandant quelle calamité nouvelle pourrait bien encore s'abattre sur nos têtes. Devay, la queue basse, était devenu totalement muet. Marc avec son humour inaltérable essayait quand même de nous faire retrouver le moral.

Scène 9

La cloche de l'église tinte onze fois, il est vingt-trois heures. Échoués à la terrasse de l'unique café, paumés au milieu de Siciliens qui nous dévisageaient comme des bêtes curieuses, nous attendions, résignés, quelque nouveau coup du sort quand se produisit un miracle à l'italienne, puisque nous sommes en Sicile !

Acte III, scène 1

Un personnage étonnant, je ne vois quels autres mots je puis utiliser, surgit d'on ne sait où, se précipite avec exubérance dans les bras de Marc Doelnitz, embrassades tumultueuses, effusions délirantes au milieu desquelles Doelnitz, tragiquement volubile, raconte notre déconfiture. Toujours exubérant, le personnage étonnant compatit et nous prie de ne pas quitter la terrasse du café, il va revenir dans un petit moment. Et il disparaît, évanescent, dans la nuit.

Scène 2

Mais quelle était donc cette étrange créature qui venait de surgir inopinément du cœur de la nuit sicilienne ? Doelnitz explique, ce personnage exubérant n'est autre que le G.O., Gentil Organisateur du tout nouveau Club Méditerranée qui, pour la seconde année, je rappelle que nous sommes en juillet 1955, avait installé un village de vacances à quelques hectomètres du village d'Aci Trezza. Ce balbutiant Club Méditerranée, qui va devenir le gigantesque Club Med, ne pouvait à l'époque qu'héberger ses Gentils Membres vacanciers dans des tentes de scouts et le reste à l'avenant. Quant à ce G.O. étonnant, c'est un ancien théâtreux, un copain que Marc avait perdu de vue depuis fort longtemps, la discrétion de Doelnitz n'en dira pas plus. Il va revenir dans un petit moment, a-t-il dit. Fadaise ! Car voilà bientôt une grande heure qu'il a disparu.

Scène 3

Fadaise ? Nous nous trompions ! Le voilà qui réapparaît accompagné d'un superbe Sicilien d'une trentaine d'années qui consent à nous louer pour une douzaine de jours et pour une misérable poignée de lires, le premier étage de sa maison de pêcheur. Trois pièces, une cuisine, une terrasse minuscule mais une terrasse quand même, le tout en plein soleil et, de plus, avec vue sur la mer. Remerciements chaleureux puis rapide installation et enfin, première nuit relaxe depuis notre départ de Cannes. Maintenant que l'inquiétude du devenir et l'incertitude du lendemain ne sont plus qu'un mauvais souvenir, deux mots sur ce minuscule village de pêcheurs enserré entre l'Etna et la mer. Aci Trezza ! Que veut dire, Aci Trezza ? Quarante ans après, je l'ignore encore. À dire vrai, je n'ai jamais beaucoup creusé cette question générique, peu importe du reste. Comme tous les villages de Sicile, une église à la belle façade espagnolisante, une fontaine à obélisque posée comme par distraction au milieu d'une minuscule place, centre du village, un port lilliputien que l'on quitte en barque pour se heurter aussitôt dans les *Scogli dei Ciclopi*, grands rochers aux formes étranges que le cyclope *Poplyphème*, pas content du tout, jeta sur *Ulysse* qui venait de l'éborgner. Voilà pour le cyclope et la légende mythologique, voilà pour le village. Maintenant, si vous désirez avoir une image extrêmement précise de ce que j'essaie maladroitement de décrire, précipitez-vous sur le film de Lucchino Visconti *La Terre tremble*. Vous y verrez en vrai le village d'Aci Trezza. Quand Visconti filme de face la petite église, tout de suite à droite de l'image, voici la maison que nous habitions. 1955, c'est tout juste l'après-guerre et les conditions de vie du peuple italien sont plus que précaires. Je ne me souviens plus qui nous avait conseillé d'emporter dans nos bagages toutes nos vieilles fringues :

— Au lieu de les jeter, faites-en cadeau aux Siciliens, ils sont très pauvres, ils n'ont pas même le strict nécessaire.

Étonnante recommandation ! En effet, j'étais très loin de me douter que vieilles chemises, T-shirts, vieux futals, jean's usagés, chaussettes, slips, vieilles pompes, enfin tout ce qui est encore mettable, pouvaient revêtir une telle importance pour ce peuple misérable malgré lui. Grâce à ces viatiques vestimentaires, nous avons payé presque toutes nos dépenses en vieilles fringues, les restaurants, et même l'essence de la *Buick* de Devay, rebaptisée *Makina Amerika* par la jeunesse du village. Ce qui veut dire en clair que la *Makina* nous affublait d'une aura de milliardaire. Hypnotisée, ensorcelée, la jeunesse du cru se livrait aux pires bassesses pour faire un tour de quelques minutes dans la merveille roulante. Aussitôt après, les rares élus racontaient avec force détails la promenade, se pavanaient devant leur auditoire enfantin, jouaient les importants. Je savais la passion viscérale des Italiens pour la musique d'opéra, aussi avais-je emporté mon tourne-disque qui, miraculeusement, n'avait pas été volé à Naples et quelques-uns des premiers enregistrements intégraux, en microsillon, des opéras de Verdi et autre Puccini. Dans ma candeur naïve, je pensais que cette passion ne devrait concerner que des citadins. J'étais dans l'erreur la plus grossière. Aux confins du monde italien, dans ce petit village à l'extrême limite de cette Sicile, quel ne fut pas mon ébahissement en constatant que toute cette population et les tout jeunes adolescents chantaient en même temps, savaient par cœur les paroles et la musique de n'importe quel opéra que mes disques jouaient ! Ils en parlaient ensuite avec une compétence surprenante, ce qui impressionna fortement Roger, étonna Doelnitz sans plus, et laissa de marbre Devay qui décidément ne valait pas l'aura de sa *Makina América* merveilleuse. Et toujours en *Buick*, nous avons écumé une partie de cette île éternellement habitée par tous ces dieux traînant après eux leurs légendes où la vie quotidienne et le fantastique sont si intimement mêlés que la résurgence impalpable des mythes se confond avec la réalité. Dans tous nos périples, qu'aurions-nous aimé voir que nous n'avons pas vu ? Cinq cents années avant Jésus-Christ, nous aurions aimé voir la première représentation des *Perses* d'Eschyle dans le théâtre grec de Syracuse. Nous aurions aimé nous immerger dans la baignoire d'Archimède, toucher le crin de cheval qui suspendait l'épée au-dessus de la tête de Damoclès, contempler le pieu de bois qui ôta la vue de Polyphème, applaudir n'importe quelle pièce d'Aristophane dans le théâtre gréco-romain de Taormine, visiter les forges d'Héphaïstos enfouies dans les entrailles de l'Etna.

Et les *Pupies* ? Les fameuses *Pupies* siciliennes ? Inracontable. C'est donc ça une *Pupie*, cette marionnette harnachée comme un chevalier du Moyen Âge avec son armure, son épée et son casque à visière tout emplumé ? Son armure est noire, le cuivre est tout terni. Quarante ans après, une envie subite m'a pris tout à coup. Que ma *Pupie* redevienne étincelante comme on me l'a donnée en Sicile, alors je l'astique. Elle n'est pas bien grande. C'est une *Pupie* souvenir, les vraies sont bien plus grandes, elles mesurent environ un mètre vingt et pèsent plus de dix kilos.

On joue l'*Orlando Furioso*, le Roland Furieux de Ludovico Arioso, alias *L'Arioste*. La poupée que je suis en train d'astiquer représente en réduction le personnage de Roland, le preux chevalier, le héros du Moyen Âge qui combattit les Sarrasins. Mon morceau de chiffon est déjà tout noir. *L'Orlando Furioso* n'en finit pas de finir, ce sont des milliers et des milliers de vers en quarante-six chants et, de plus, on peut improviser, c'est pire que *Le Soulier de Satin* de Claudel ! La représentation complète de cette épopée picaresque, quotidiennement débitée en épisodes, façon feuilleton télé, dure une année entière.

Ah ! Enfin ! Tout ça commence à briller. Elle est superbe ma *Pupie*, non ?

Jean-François Devay allait de son côté courir le guilledou et faire des frasques à l'italienne. À l'italienne ! Comprenne qui veut… ou qui peut ! Et encore, si ce n'était que ça ! Au fil des jours, à propos de tout, à propos de rien, il piquait des colères d'enfant gâté, aboyait comme un roquet, tant et si bien que très vite nous en avons eu ras-le-bol. Et puis un beau matin, sans crier gare, ce caractériel encombrant nous a quittés, lui et sa *Buick* infernale, nous abandonnant tous les trois sans plus d'adieu. Peu de temps après, ce fut Marc qui nous quitta pour Palerme et, de là, se perdit dans l'Italie probablement chez quelque mystérieuse relation. Roger et moi sommes restés jusqu'au terme de notre séjour pour profiter du spectacle des *Pupies*, uniquement pour applaudir tous les jours, les *Pupies*.

Et un vernis incolore à ongles pour badigeonner l'armure de mon *Orlando*! Le vernis sert de protection au cuivre, dès lors il ne pourra plus s'oxyder. Voilà! Mon *Orlando* flamboie avec son armure de cuivre, son épée étincelante et son heaume de chevalier empanaché de plumes vertes.

Eh oui! Il fallait quitter à regret cette manière de paradis terrestre. En compagnie de cinq ou six autres passagers, nous avons quitté la Sicile en avion. Nous avons survolé le Stromboli, le pilote de ce petit aéroplane nous a fait tourner cinq ou six fois autour de son cratère en éruption, vision dantesque, vision féerique, et nous avons atterri à Rome. Nous avons embarqué dans un gros avion, direction Paris. L'aventure sicilienne était terminée, définitivement. À l'automne nous avons retrouvé Doelnitz à la Régence, il semblait ravi de sa mystérieuse escapade italienne, extrasicilienne, nous n'avons pas cherché à en savoir plus long. Sic transit. Ainsi passe, ainsi est passé, ainsi se termine cet épisode de vacances quelque peu surréalistes. Qu'en reste-t-il? Quelques photos et un merveilleux album imaginaire de souvenirs que le temps qui passe enjolive à plaisir.

Nous devions être vers la fin novembre 1955 et nous avancions doucement vers Noël. Nous avions déserté la Plage Sportive fin août, regagné la terrasse du café de la Régence avec l'automne et le froid venu, nous nous blottissions au chaud, tout au fond de la grande salle du café. Parmi les quelques rares joueurs d'échecs qui disputaient leur partie quotidienne, l'ombre de Diderot et de Bonaparte flottait encore çà et là. Parler de Noël, c'est forcément parler de cadeaux, nous avions décidé d'en faire à plusieurs copains qui nous accueillaient régulièrement nous et nos folies.

L'année 1955 avait été secouée par une sorte de séisme intello snobinard dans les milieux littéraires, on ne parlait que de *Ça*, on ne débattait que de *Ça*. Le *Ça* en question n'était autre qu'une petite fille de huit ans qui venait de publier un recueil de poèmes dont elle était l'auteur. À lire les journaux, à en croire les critiques, à écouter pérorer les chefs de file de l'intelligentsia parisienne, nous étions tout à coup en présence d'un nouveau Verlaine en herbe. Lucie Delarue-Mardrus et Marcelline Desbordes-Valmore paraissaient de pâles ectoplasmes versificateurs, à les en croire. Devant le génie précoce et poétique de cette gamine, l'édition de ses poèmes avait déclenché comme une manière de révolution dans le monde en grande partie féminin du snobisme parisien. Cette jeune Clio en robe d'organdi et en socquettes blanches se nommait Minou Drouet. Le prénom, Minou, est déjà tout un poème et le nom de Drouet, alors ? Descendait-elle du maître de poste qui reconnut Louis XVI à Varennes ? On le susurrait sous le manteau, ou bien descendait-elle en droite ligne de Juliette Drouet, comédienne et compagne de Victor Hugo ? On l'affirmait quasi ouvertement avec autant d'aplomb que d'ignorance. Ceci expliquerait donc cela. Quoi qu'il en soit, Minou Drouet était célèbre. On ne parlait que d'elle, on ne voyait qu'elle, on n'entendait qu'elle, on ne lisait qu'elle, on ne récitait qu'elle, et ses poèmes se vendaient comme des petits pains. Les laudatrices inconditionnelles et féminines s'opposaient sans merci à l'acharnement des mâles détracteurs. Et, comble de perfidie, n'allait-on pas jusqu'à affirmer que c'était la maman qui écrivait les sonnets de la petite poétesse ? Comme pour l'œuvre de Shakespeare, le mystère s'épaississait de jour en jour, et Maman Drouet devenait aussi célèbre que sa petite fille. Tout ce fatras de coups d'épée de Déroulède dans l'eau du lac de Lamartine nous faisait beaucoup rire. Et puis, un beau soir, dans la conversation générale, on entendit cette phrase :

— Et si on faisait un pastiche de Minou Drouet et de sa maman ? Quelles belles silhouettes de jeu de massacre !

Qui a eu cette idée un soir de novembre 1955 à la Régence ? Hirsch ? Le Poulain ? Iskander ? Alors, j'ai dit :

— Pourquoi ne pas faire un disque, un disque avec une pochette illustrée, voilà qui serait un beau cadeau pour les amis.

Hirsch annonce tout à trac :

— C'est moi qui joue Minou Drouet. Dans le disque elle s'appellera Adeline Bombonne.

Le Poulain, moins rapide que Hirsch, enchaîne :

— Alors, moi, je joue la maman d'Adeline.

Roger met son grain de sel :

— Moi, je dessine la pochette du disque.

Iskander enchaîne :

— Moi, j'écrirai le texte de présentation au verso de la pochette de Roger.

Tout le monde approuve le projet.

— Et quand va-t-on faire ça ?

— Maintenant.

— Maintenant, maintenant, où, maintenant ? Il est deux heures du matin.

— À la maison, Boulevard de Courcelles, dans ma cuisine.

Il est maintenant trois heures du matin dans cette cuisine que j'avais transformée en atelier de son. J'installe un micro, une bande magnétique neuve sur mon magnétophone et les voilà déchaînés Hirsch et Le Poulain à improviser un délire poético-infantile. Sans pouvoir les arrêter, j'ai enregistré plus d'une heure et demie de ce délire à deux, totalement improvisé. Enfermés dans ma cuisine, nous étions à cinquante centimètres les uns des autres, y compris le microphone, et j'avais fini par mettre mon mouchoir dans ma bouche pour que l'on n'entende pas mes rires dans l'enregistrement. Il va sans dire que j'étouffais et j'ai cru trépasser de douleur, car contenir longtemps un fou rire est plus que douloureux. De cette heure et demie d'enregistrement mémorable, j'ai extrait sept minutes qui constituaient chacune des deux faces d'un disque 78 tours dont j'ai tiré douze exemplaires, et sur chaque étiquette blanche de chacun de ces douze disques nous avons inscrit le nom du bénéficiaire. Un copain photographe a cliché douze fois le dessin de Roger et les textes d'Iskander qui constituaient les deux faces de la pochette du disque. Le disque et sa pochette ont fait une petite révolution dans Paris, tout le monde voulait avoir son disque d'Adeline Bombonne. On m'a offert une petite fortune pour dupliquer d'autres exemplaires. J'ai fabriqué douze exemplaires de ce disque, il n'en existe pas de treizième. Pour couronner le tout, un collaborateur du *Journal de Genève* qui a forcément entendu le disque, a fait dans sa chronique sur Hirsch et Le Poulain, une critique dithyrambique. Il s'étonnait que notre disque ne fût pas mis en vente dans le commerce ! Sommes-nous passés à côté d'un pactole financier ? À dire vrai, cela ne nous intéressait nullement.

Ce disque n'est pas plus qu'un gag, nous l'avons fait pour rire et faire rire les copains. Si le rire est bon, le but est atteint.

À l'époque les critiques parlaient de la mise en scène du décor, de la lumière, du son, des acteurs, de l'auteur. Il y avait au départ une analyse de la pièce : en dix lignes il disait l'histoire, après il y avait tout un pavé sur l'auteur, Marcel Achard dans cette pièce…, et les acteurs. Après les acteurs, venaient la mise en scène, bonne ou mauvaise, après les décors bons ou mauvais, le son bon ou mauvais, et trois mots pour finir :

Si vous n'allez pas voir cette pièce c'est que vous n'avez aucun goût, s'il y a une pièce de l'année à voir, c'est celle-là.

On se fait draguer pour monter une pièce d'une dame qui était soi-disant auteur dramatique. C'était une pièce de merde et qui était montée par son amant au Théâtre Édouard VII. Il y avait une belle distribution, mais c'était carrément un ménage. On était très bien payé par le mari. On joue la pièce, j'avais fait la bande sonore, j'étais sur l'avant-scène avec ma cuisinière électrique, on joue la première partie, on arrive à l'entracte, il y a eu trois applaudissements et ça s'est arrêté là et Gautier était au troisième rang. Je le vois qui se lève, il sort, il prend l'allée, il passe à ma hauteur, j'étais devant mes deux magnétophones, il met sa main sur mon avant-bras et me fait :

— Mon pauvre kiriloff.

Il n'a pas fait d'article. Il n'y avait que des gens qu'il aimait bien dans la distribution, il n'a pas fait d'article.

La critique nous permettait d'être engagés. Quand on avait de bonnes critiques de Gautier dans *Le Figaro*, ou de *France Soir*, vis-à-vis des gens de la profession, c'était une espèce de reconnaissance ou de confirmation.

— Je vais te lire *le* Gautier, je viens de le descendre au marbre.

Tout le monde avait appris que j'étais pote avec le gars de l'imprimerie et qu'il me lisait les articles. Et quand j'arrivais au théâtre :

— Alors, ça y est, comment il est l'article ?

Quand l'article était bon, je disais :

— Superbe, c'est très très bon pour la pièce, ça va marcher !

Et quand c'était mauvais, je faisais :

— Je ne sais pas, il ne m'a pas téléphoné, je n'ai pas de nouvelles.

Le Figaro du jour était en vente à minuit, alors en sortant du théâtre, quand la critique ne m'avait pas été téléphonée, on achetait un numéro, après on se pressait autour de l'article. Quand ce n'était pas bon, ça gueulait :

— Gautier est une ordure, un pourri !

Et quand c'était bon, ce n'est jamais trop beau, quand ce n'était pas bien ça ne rigolait pas du tout, on disait :

— Ça va pas marcher.

COCTEAU

Je ne lui ai pas dit : *ÉTONNE-MOI*.

Les mots étaient déjà usés, éventés, la formule rabâchée, devenue désuète. Nous nous sommes étonnés mutuellement, sans rien faire, instantané indélébile, fixé sur la pellicule fragile de l'amitié. Quand j'ai connu Jean Cocteau, il avait soixante-trois ans. C'était un jeune homme. Il m'a étonné. Trente-neuf années nous séparaient. *On met longtemps à devenir jeune,* me disait-il. J'avais vingt-quatre ans. À l'en croire, j'avais déjà fait un morceau du chemin. Cette différence de trente-neuf années rapprochait. Je ne crois pas qu'il en ait été étonné.

Sur Cocteau, on a tout dit, tout écrit, tout raconté, affabulé à l'envi sur le personnage kaléidoscope. À satiété, tenter de percer le secret du phénomène Cocteau, phénomène coffre-fort, inviolable, coffre-fort piège, piège de la légende, de la légende qui va de soi-même piéger le mythe, le mythe Cocteau, Cocteau le sorcier des pièges et le dernier piège ? Insolent, inouï : *JE RESTE AVEC VOUS*, éternellement tracé de son écriture musicale à l'encre noire, à même la terre de la chapelle Saint-Blaise, le *PIÈGE* kaléidoscope, le piège *Anubis*, le piège du Sphinx qui met le poète à l'abri de l'alibi éternité. N'a-t-on pas ressassé à longues périphrases que le personnage, le montreur de lanternes magiques, s'était fabriqué, s'était bâti de toutes pièces un automécanisme d'horlogerie intellectuelle ? N'a-t-on pas tenté avec acharnement, n'a-t-on pas tenté d'en percer le mystère, de démonter l'enchevêtrement des rouages poétiques de l'automate aux gestes saccadés ? Piège, toujours ! Du montreur de merveilles, du prestidigitateur, piège où barbote et s'enlise l'intellectuel qui ne voit pas ou ne sait pas voir son image inversée dans le miroir mensonge, temps du poète. Le Miroir — Révélateur de l'Ange poète. *L'Ange Heurtebise.* Heurtebise — Cocteau. Cocteau — *Orphée.* Son œil d'oiseau, nyctalope, son œil d'encre bleue qui rend possible la traversée du miroir, le miroir du piège sommeil. Le *Piège-Sommeil*, mensonge de l'espace-temps qui fausse tout, le grave et le frivole Cocteau, le *Piège Poète*, sa voix magnétique, sa voix aux vibrations hypnotiques, la voix *Boule de Neige*, la boule de neige de l'élève Dargelos, la boule de neige *Miroir Cristal* de l'extralucide, le choc de la boule de neige cristal, la transmutation du poète démiurge. *Je suis entré en poésie comme on entre en religion*, y a-t-il encore un piège ? Un piège dissimulé ? Ici ? *Orphée* connaît la réponse, seul, éternellement. Et maintenant croyez-vous qu'il y ait une seule chose dont Jean Cocteau soit incapable ? Et la réponse piège à la vitesse de la Boule de Neige : *Puisque ces mystères nous dépassent, feignons d'en être les organisateurs.* Mon Dieu, que c'est difficile de raconter

Cocteau! Au pire… d'essayer! Par où commencer? Comment cerner ce charmeur qui vous a envoûté dès avant? Comment cerner cet enjôleur? Pourtant… j'ai envie. Envie de raconter, de narrer des quantités de choses, des quantités de souvenirs, une multitude d'anecdotes. Ce magicien, qu'est-ce qui peut bien me le caractériser à moi tout seul, seulement à moi? Ah! Oui! Deux choses qui paraîtront insignifiantes au profane, mais qui pour moi, pour moi tout seul, sont cocasses et tendres à la fois. Ses *Quoi?* entrecoupant par surprise un mot dans une phrase, une phrase dans sa période, une période dans son développement.

Cocteau :

— Bonjour, comment, *Quoi*, vas-tu? Il faut que je te dise, *Quoi*, une ou deux choses importantes, *Quoi*, très importantes.

Quoi, Quoi, Quoi. Ce tic, j'essaie bien maladroitement de le dépeindre. C'est pratiquement impossible, il manque l'essentiel, il manque sa voix. La voix de Cocteau. Ses intonations si particulières, ses insolites *Quoi*, font naître en moi un sentiment irrespectueux et plein de tendresse tout à la fois. Et puis, il y a aussi ces danses fascinantes de ses mains, ballet incessant de ses doigts filiformes de prestidigitateur qui semblent attraper les mots dans l'air, les escamoter, les faire disparaître et les faire réapparaître soudainement, quelque part, invisibles, impalpables, aériens, réinventés, et pourtant, les mêmes, toujours. Et encore ses lettres, ses innombrables lettres, écrites au crayon noir, aux crayons de couleur de grand enfant, symphonie de pastels multicolores, calligraphie d'éclairs d'orages, zébrant le papier en tous sens, enspiralant le dessin, identique toujours, autoprojection de l'éternel profil d'un pâtre grec de fantasmagorie. Et ses manchettes, volontairement retroussées pour rendre plus visibles encore la virevolte de ses mains et le ballet de ses doigts. Il a qualifié mes enregistrements de sa voix si particulière de : *CALLIGRAPHIE VOCALE.*

Tu fais avec ma voix de la calligraphie vocale, quoi.

Et quand le disque de l'enregistrement de son *Discours de Réception à l'Académie française* a été publié, cette petite phrase en lettres minuscules, presque en forme d'excuses dans le coin d'une lettre : *Sais-tu que nous avons le Grand Prix du Disque avec le Discours ?* J'étais content en la lisant cette petite phrase, je l'ai pressenti ému en l'écrivant. Quels délices, ces sept ou huit années passées à travailler ensemble ! Sept ou huit années qui m'ont paru si courtes. Ses mains, sa voix, son regard, tout chez Cocteau escamotait le temps. Mais prenons par le début, nous sommes en 1954. Comme d'habitude pour moi, tout a commencé par un coup de téléphone. Un appel de Georges Herbert, le directeur des tournées théâtrales Herbert-Karsenty.

— Kiki, il faut que tu rencontres Jean Cocteau qui met en scène sa pièce *La Machine infernale* pour une tournée en Allemagne avec Elvire Popesco, Jean Marais et Jeanne Moreau. Il y a une bande sonore très importante à faire, lis la pièce et va voir Jean Cocteau à une répétition, il t'attend.

Bien sûr, la pièce, je la connaissais. Je la relis quand même et toujours flanqué de mon angoisse qui me colle à la peau et qui me dévore continûment comme une *Tunique de Nessus*, je vais à la répétition et je me présente à Jean Cocteau. Quels ont été les premiers mots échangés entre nous ? Baste ! Je ne m'en souviens plus, mais plus du tout ! Une seule chose reste présente à ma mémoire, c'est de lui avoir demandé d'enregistrer lui-même les textes de liaison entre les actes de sa pièce. Le reste, musiques, bruitages, effets sonores suivraient les didascalies de la brochure. Au fil des répétitions, je découvre Jean Marais que j'avais applaudi en silence comme il est de coutume au cinéma et Jeanne Moreau que j'avais applaudie à tout rompre à la Comédie-Française. Et Madame Popesco ! Qu'ajouter d'autre quand on a dit Madame Popesco ? Et les autres acteurs de la distribution. Tout ce petit monde formait une petite famille dont Cocteau était à la fois le metteur en scène et le bon *Papa-gâteau*. Et j'ai découvert Doudou. *What it is Doudou ?* Bonne question ! Édouard Dermit est d'origine italienne, il a trois ans de plus que moi. Il rencontre Jean Cocteau en 1947, tout juste après la guerre. Il a vingt-deux ans, Cocteau en a cinquante-huit. Ces trente-six années logiquement sembleraient les séparer mais, étrangement, elles les rapprochent. Elles les rapprochent si étroitement ces trente-six années que Cocteau fera de Doudou son fils adoptif. Singulière uchronie du destin. Nous sommes, je le répète, en 1954. Un seul accroc à ce tableau idyllique, Doudou ne tenait pas à jouer la comédie. À la rigueur consentait-il à bien vouloir passer dans le fond du décor avec une hallebarde pour rendre service, disait-il, sans plus. Mais surtout, surtout sans ouvrir la bouche, sans prononcer sur la scène un seul mot. C'était clair, précis, sans ambiguïté aucune. A contrario, le têtu Cocteau s'était mis en tête d'en faire un comédien comme il avait fait de Marais une star. Rude bataille et peut-être de guerre lasse Doudou finit par céder, Cocteau lui a fait tourner trois films, *Orphée* en 1949, *Les Enfants terribles* en 1950, *Le Testament d'Orphée* en 1959. Et puisque nous en sommes au rayon des phénomènes, il y avait dans la troupe l'insolite, l'étrange, l'étonnant, le délirant Jean-Charles Fontana. Jean-Charles c'est en quelque sorte une variété de consœurs germaines de notre Jacky Iskander et comme tout ce qui se ressemble s'assemble, leurs univers n'étaient qu'un seul et même phénomène d'une sorte d'osmose holographique. Délicieux, drôle, cocasse, imprévu, intelligemment imprévoyant, Jean-Charles pendant les répétitions semait une joyeuse pagaille, ce qui amusait énormément Cocteau qui, bien entendu, lui passait tout… et j'en passe ! Avec armes et bagages, enfin prête à affronter le public, *La Machine infernale* part en tournée pour quatre ou cinq mois. Je n'entends plus parler de la tournée et l'on me fait l'honneur de me demander de m'occuper d'autres spectacles et le temps passe. Un beau matin, la sonnerie de mon téléphone grelotte :

— Monsieur Kiriloff ?

— Oui.

— Je suis Albert Willemetz, le directeur du Théâtre des Bouffes-Parisiens, nous allons reprendre *La Machine infernale* en spectacle régulier dans mon théâtre. Monsieur Cocteau veut vous voir le plus vite possible, appelez-le sans tarder, voici son numéro de téléphone.

— Merci, Monsieur, je l'appelle dans l'instant.

Je raccroche, je redécroche, je compose le numéro de téléphone de Jean Cocteau sur le cadran de l'appareil. Ça sonne… On décroche… Une voix de femme, une voix à l'intonation revêche :

— Allô !

— Bonjour, je voudrais parler à Monsieur Cocteau, je suis Fred Kiriloff, Monsieur Cocteau attend mon appel.

— Ne quittez pas.

Je découvrirai plus tard que cette voix revêche est celle de sa fidèle Madeleine, sa nounou et son cerbère.

Cocteau :

— Ah ! Te voilà enfin ! Quoi ? Je te cherche dans tout Paris depuis trois jours, personne n'a pu me donner ton téléphone, quoi ?

Moi :

— Je suis désolé.

Cocteau :

— Viens me voir tout de suite, j'habite 36 rue Montpensier à l'entresol, tout à côté de chez Colette, quoi ?

— Je sais que vous habitez tout près de Madame Colette.

Horreur ! J'ai failli dire, *Quoi.*

Cocteau :

— Alors, viens vite, je t'attends. C'est très urgent.

J'entends un clic, il a raccroché.

Je ne dépeindrai pas l'entresol de la rue Montpensier, il a été décrit mille fois, et bien mieux que je ne saurais le faire. Si ! J'en dirai seulement un détail. Dans la minuscule entrée, il y avait un grand tableau noir de salle de classe d'école communale sur lequel était écrit, à la craie blanche, en énorme et en travers : *Mettre la main sur Kiriloff d'urgence,* avec, *d'urgence,* souligné plusieurs fois, plus quelques gribouillis griffonnés par-ci, par-là. Ce jour-là, il m'a mis la main dessus, il ne m'a plus lâché pendant dix ans.

Cocteau :

— Ah ! Te voilà enfin, donne-moi ton téléphone, quoi ? Non, débarrasse-toi d'abord, accroche ton duffel-coat ici. Tiens ! Tu as aussi un duffel-coat ! Entre dans ma chambre, assied toi sur le lit, quoi ? Je vais tout t'expliquer et puis nous irons au Véfour, je te parlerai pendant le déjeuner, quoi ?

J'étais assis sur le bord du lit de Cocteau, les jambes pendantes dans le vide et j'avais déjà dans mes bras deux chats siamois abyssins qui se pelotonnaient contre moi en ronronnant. Le cerbère Madeleine n'en revenait pas, Cocteau pas plus. Ces deux chats sacrés étaient, paraît-il, comme tous les siamois, sauvages et peu urbains. Leurs noms ? Je les ai oubliés. Et le monologue tohu-bohu de Cocteau reprend de plus belle :

Cocteau :

— Alors, voilà, *quoi* ? J'ai besoin de toi, nous reprenons *La Machine infernale* aux Bouffes, chez Willemetz. Il faut que tu t'occupes de toute la partie sonore et puis il y a un autre problème important : pendant la tournée il y a eu des malheurs avec ta bande sonore, elle est un peu abîmée.

— Ce n'est pas bien grave, je referai les endroits qui ont souffert.

— Non, non, *quoi* ? Si, si ! Mais ce que je veux surtout c'est que, tous les soirs, ce soit toi qui fasses passer ta bande sonore, si je te sais au magnétophone, je serai tranquille.

— Mais avec joie.

— Alors, va voir Willemetz et fais-toi payer très cher, *quoi* ! Je serais surpris qu'il te donne le prix que tu vas lui demander pour ton travail, c'est un redoutable, il est très dur en affaires, *quoi*. Tu es prévenu, *quoi* ?

À ce *quoi* final j'allais répondre : *Rien*. Mais je m'étais enfin habitué au rituel des *quoi* et je me tins coi. De *quoi* en *quoi*, nous arrivâmes au Véfour pour déjeuner. Si j'étais heureux de déjeuner avec Cocteau, hélas, Madame Colette ne voulait pas descendre de son appartement, elle prendrait son repas chez elle. Elle devait écrire, inlassablement écrire. Qu'à cela ne tienne, Raymond Oliver lui ferait monter son déjeuner chez elle. Je n'aurai donc connu Madame Colette qu'au travers de son œuvre, je le regrettais en silence. Tout en grignotant, Cocteau, intarissable et volubilissime, m'explique :

— Quand Colette est là, on ne peut plus placer un mot. On ne peut que l'écouter pendant des heures, nous n'aurions pas pu travailler.

Je regrettais de plus en plus. Je finis par comprendre que Cocteau souhaitait une refonte complète de la bande sonore de *La Machine infernale*. Malgré les avertissements amicaux de Cocteau, Albert Willemetz, à ma grande surprise, se montre plus que compréhensif et j'obtiens sans trop de mal des conditions financières très confortables. Cocteau lui avait-il fait l'article sur moi ? Mes travaux, dont il avait peut-être entendu parler, lui avaient-ils plu ? Les avait-il lui-même entendus ? Je n'en ai jamais rien su. Quoi qu'il en soit, nous répétons et enfin nous jouons. Est-ce une litote de dire que ce fut un gros succès ? Dès la première fois que je l'ai entendue et pendant tout ce long temps que nous avons travaillé ensemble, je suis toujours hypnotisé par la voix de Jean Cocteau. Pendant les représentations de *La Machine infernale*, un soir sur deux il était dans la salle ou dans les coulisses, pendant les entractes nous bavardions. Un soir, et je ne sais toujours pas pourquoi, je lui dis :

— Si nous faisions tous les deux un disque de vos poèmes, qu'en pensez-vous ?

— Je te dis oui, tout de suite, mais quelle maison phonographique va éditer ce disque ?

— Si j'en parlais à mon ami Pierre Hiegel, il est directeur artistique de Pathé-Marconi, notre projet l'intéressera peut-être.

— Et bien, parle à ton ami Hiegel, s'il est d'accord nous pourrons nous mettre au travail et enregistrer ce disque.

Mon ami Hiegel, musicologue éminent, amoureux fou de poésie, passionné par tout ce qui touche au théâtre, saisit la balle au bond. Pensez donc, un disque de poèmes de Cocteau dit par l'auteur, quelle aubaine, Cocteau, dans son catalogue des Disques Pathé ! Et tout s'emboîte comme par magie, tout, sauf l'imprévisible grain de sable : où faire ces enregistrements ? Tous les studios de Pathé Marconi sont retenus très longtemps à l'avance, le planning est surchargé et la possibilité d'y enregistrer les poèmes de Cocteau n'est pas envisageable. Hiegel angoissait à l'idée que le projet pouvait avorter. De mon côté, je cherchais frénétiquement un lieu où enregistrer sans réaliser dans mon énervement qu'il était là, ce lieu, sous mon nez et à mon entière disposition. Le cher Lucien Beer nous faisait tout faire dans son théâtre y compris le ménage. Combien de fois Roger et moi avons balayé le plateau, la salle, les escaliers et le hall du Théâtre de l'Œuvre ! Remarque pour la gouverne des soi-disant postulants régisseurs, assistants metteurs en scène et autres amoureux du théâtre ! Depuis que je travaillais au Théâtre de l'Œuvre, j'y avais déjà réalisé les bandes sonores de *La Neige était sale*, de *Magie Rouge*, de *Faust*, de *Robinson*. Roger m'avait dégoté, tout en haut du théâtre, une grande pièce vide, une manière de loft, grenier qui avait servi d'appartement à Raymond Rouleau pendant la guerre et qui pour l'heure, était utilisé comme débarras en tout genre, réceptacle à tout ce que l'on pouvait entasser d'inutile dans le théâtre. De grandes armoires pleines de brochures de pièces de théâtre dont certaines devaient avoir plus de cinquante ans d'âge et qui dormaient là sans avoir jamais été lues ni jouées, une manière de fosse commune de l'art dramatique, un cimetière oublié de pièces à jamais perdues. Peut-être, dans ce fatras, dormait le chef-d'œuvre dont personne ne connaîtra jamais l'existence ?

Roger et moi, en jetant à la poubelle manuscrit après manuscrit, nous tombâmes sur deux pièces dont les titres nous ont laissés pantois, jugez-en par vous-même. L'une avait pour titre, *Obèse par amour !* Sans commentaires ! L'autre pièce, en trois actes, s'intitulait : *Une Nuit aux waters*. J'ai quand même lu par curiosité malsaine *Une Nuit aux waters*. C'est l'histoire d'un malchanceux qui pénètre dans un cabinet d'aisances, des waters, d'où le titre, qui s'y trouve enfermé par un abusif artifice de l'auteur et qui, n'en pouvant plus sortir, revit toute son existence dans un gigantesque *flash-back* qui dure une nuit entière. C'est tout. C'est consternant. J'ai vainement tenté de faire lire cette pièce à Roger, il connaissait mieux que personne mon numéro de fausse naïveté et j'ai fait chou blanc ! Enfin débarrassé de tout ce fatras, nettoyé, briqué, petit à petit j'avais transformé ce grenier en *KIRI-LOFT-studio*. J'y avais installé mes appareils d'enregistrement, mon matériel sonore et tout ça amusait beaucoup Lucien Beer. Le Théâtre de l'Œuvre est situé entre la rue de Clichy et la rue d'Amsterdam, au cœur de la Cité Monthiers, à l'écart de tous les bruits de circulation urbaine. La salle du Théâtre de l'Œuvre, ancienne salle de concert, bénéficie d'une acoustique inégalable. Un soir en bavardant, je dis au cher Lucien que je suis à la recherche d'un lieu où enregistrer avec Cocteau un disque de ses poèmes, que j'ai beau chercher et que je ne trouve rien. Lucien me rétorque :

— Tu n'as qu'à faire ça dans mon théâtre, mais les matins seulement.

J'avais pensé à tout, j'avais tout envisagé sauf cette opportunité. Hiegel est soulagé, Cocteau est d'accord pour enregistrer le matin. En manière d'essai, je fais écouter quelques enregistrements à Hiegel, il est satisfait.

— C'est d'accord, enregistre avec Cocteau, je passerai vous voir.

L'ascendant qu'exerce le théâtre sur Jean Cocteau est légendaire. L'idée de dire ses poèmes, seul, sur une scène vide, dans le décor de la pièce qui se joue le soir avec pour seul éclairage l'ampoule électrique de la servante, le fascinait au plus haut point et il avait raison, tout ce théâtre baignait dans une atmosphère irréelle, mystérieuse, magique. Quant à moi, perché tout en haut de mon grenier studio, je n'entrevoyais le poète interprète que par une minuscule fenêtre. J'apercevais un Cocteau lilliputien, minuscule et folâtre ectoplasme à peine éclairé, en totale disproportion avec la présence énorme de sa voix sortant de mes haut-parleurs. Tout cela relevait de la plus étrange mise en œuvre alchimique, deux apprentis sorciers se fiant, aveuglément, à leur bonne étoile. Ainsi pendant des matins et des matins, nous nous enfermions tous les deux dans ce théâtre désert qui, soudainement, se sacralisait en sanctuaire de la poésie. Derrière le poète apparaissait son double, *l'acteur*, cet acteur qu'il ne cessait jamais d'être. Cocteau ne disait pas ses poèmes, il les jouait. Je déployais des trésors de diplomatie pour l'immobiliser devant mon micro, il se défendait comme un beau diable :

Cocteau :

— Tu me paralyses, tu me tortures, je souffre. C'est un martyre de ne pas pouvoir bouger, tu devrais avoir un micro qui me suive, *quoi* !

Moi, du haut de ma fenêtre :

— Jean, ne délirons pas, ce que vous demandez n'existe pas encore, soyez discipliné, il est impératif que vous restiez bien devant le micro, sans cela le son ne sera pas bon.

Cocteau :

— D'accord ! Je te promets de faire attention ! Mais c'est bien pour te faire plaisir.

Je relançais l'enregistrement et tout allait à merveille, je me disais en moi-même :

Maintenant il est formidable, pourvu qu'on aille jusqu'au bout.

Et, s'interrompant au beau milieu d'un poème :

— Est-ce que je suis bien ? Est-ce que ma voix est bonne ? J'ai touché sans le vouloir un feuillet de papier, est-ce que le bruit ne t'a pas gêné pour ton enregistrement ?

Je hurlais le mot de Cambronne et tout était à recommencer. Tous les matins, la magie de sa voix animait cet espace sombre, l'éclairait, lui donnait la vie. Tous les matins, le Théâtre de l'Œuvre devenait *son* théâtre, le Théâtre de Jean Cocteau. Écouter Cocteau, c'est déjà tout un poème, voir Cocteau dire ses poèmes, c'est un véritable spectacle. Piano, pianissimo, prenant tout notre temps, nous jouions à n'être pas pressés. Au vrai, nous ne l'étions ni l'un ni l'autre et, tout compte fait, nous n'avions pas vraiment le désir que cette aventure s'achève. Nous avons enregistré une soixantaine de poèmes, de quoi emplir trois disques microsillons, mais le contrat passé avec Pathé Marconi ne stipulait que l'édition d'un seul disque de poèmes et il fallut bien trier, sélectionner, choisir. Ce ne fut pas une mince affaire. Cocteau se débattait comme un beau diable pour caser le plus possible de poèmes sur le disque. On écoutait, on réécoutait, on réré-écoutait et, quand nos avis divergeaient sur le choix de tel ou tel poème, cela dégénérait en discussions de souk avec, heureusement, Hiegel comme arbitre. Quand même tout s'organisa au mieux, le choix et l'ordre définitifs des poèmes constituèrent, enfin, le disque définitif. Hiegel était content, Cocteau était ravi et moi, l'instigateur de cette aventure, j'étais soulagé. À l'instar des contes de fées, tout le monde fut heureux et le disque eut de nombreux enfants qui se vendirent comme des petits pains. Voilà ! Avant d'en terminer avec Cocteau, je veux juste dire quelques mots sur la grande chance qui m'a été donnée de pouvoir emprisonner dans des sillons sonores ce que je considère comme deux morceaux d'anthologie d'un art tombé, hélas, en désuétude : l'art oratoire.

Le Discours sur Madame Colette, Le Discours de réception à l'Acacadémie Française.

Ce discours de réception à l'*Académie Royale de Belgique* où Cocteau fut élu pour succéder au fauteuil occupé par sa grande amie, Madame Colette, ce discours en forme d'hommage, nous l'avons enregistré une grande année après le *Discours de Réception* du poète à l'Académie française. Ce discours, je le considère comme un pur bijou de la littérature française. C'est un texte adamantin, un gigantesque portrait souvenir en forme de bouquet de feu d'artifice qui durerait quarante-cinq minutes. Je pense que Cocteau l'a écrit d'un seul jet sans chercher à endiguer aucunement le torrent de tendresse et d'affection qu'il portait à Madame Colette. L'enregistrement de ce discours s'est fait à toute vitesse, dans la joie, les rires et pratiquement d'un trait, sans reprises, sans presque de raccords. Nous nous sommes amusés comme de petits fous en enregistrant le discours sur Madame Colette et, à son audition, les quarante-cinq minutes qu'il dure semblent n'en durer que dix, à peine ! Tout au contraire, l'enregistrement du *Discours de Ré-ception* du poète à l'Académie française a pris le double de temps pour, à peu de chose près, la même durée. Je crois que Cocteau et moi, en tout cas, nous nous sommes ennuyés ferme pendant tout ce travail. Personnellement, je ne l'apprécie pas vraiment. J'ose penser que notre poète ne l'aimait pas trop non plus. Au contraire du discours sur Colette dont le manuscrit est pratiquement d'un jet et sans ratures, ce discours de réception à l'Académie française, Cocteau a dû beaucoup peiner pour l'écrire. Ce qui me fait dire cela, c'est la frappe à la machine à écrire de ce texte que je possède, cette frappe est fort raturée, fortement corrigée de sa main, tout cela me fait songer à un be-sogneux travail d'élève surdoué qui cherche à bien faire un de-voir imposé, à qui l'on aurait de surcroît, mis des entraves. Entre la voix grave, lourde, solennelle, ampoulée, compassée de l'enregistrement du *Discours de l'Académie française* et la voix joyeuse, pétillante, sautillante, primesautière de l'enregis-trement du *Discours de Colette*, la différence est ahurissante. Il n'est que d'écouter à la suite les deux disques pour en res-sentir toute la dissemblance.

Les Mariés de la Tour Eiffel.

J'appartiens au moment. Jean Cocteau.

Enchanté du succès que remporta le disque des poèmes, Cocteau nageait dans le bonheur. Dès ce moment, j'eus l'idée de faire ce qui n'avait encore jamais été fait : graver dans la cire l'œuvre la plus insolite de notre poète anti-intello, *Les Ma-riés de la Tour Eiffel*, ballet satirique en un acte.

Créée le samedi 18 juin 1921 sur la scène du Théâtre des Champs-Élysée par la Compagnie des Ballets suédois de Rolf de Maré, la représentation déclenche un gigantesque scandale où les sifflets et les huées des détracteurs se mêlent aux applau-dissements vigoureux des laudateurs. Une dame du monde s'exclame à la fin du spectacle :

— Si j'avais su que c'était si bête, j'aurai amené les enfants.

En 1921, le public n'a pas encore compris ce que Cocteau appelait *La poésie De théâtre* qu'il opposait à *La poésie Au théâtre.*

Le décor représente le premier étage de la Tour Eiffel, il est signé Irène Lagut. Les costumes et les masques des personnages sont une création de Jean Hugo. Les deux récitants qui jouent tous les personnages de la pièce : Pierre Bertin et Marcel Herrand. Marcel Herrand, qui sera un peu plus tard remplacé par Cocteau lui-même. La musique du ballet est composée par le Groupe des Six : Francis Poulenc, Georges Auric, Darius Milhaud, Germaine Tailleferre, Arthur Honneger, Louis Duret. Louis Duret n'a pas participé au spectacle.

Cocteau : *Les Mariés peuvent avoir l'aspect terrible d'une goutte de poésie vue au microscope.*

J'avais très envie d'immortaliser sur un disque, ce petit chef-d'œuvre de poésie *de* théâtre. Il faut deux acteurs, aussi cocasses qu'il soit permis de l'être et dont les voix et le style de jeu soient les plus contrastés, qui se puissent imaginer. Je vois, ou plus exactement j'entends Jean Le Poulain et Jacques Charon.

Directeur artistique des disques Pathé Marconi, l'ami Hiegel contacte Charon puis Le Poulain et les contrats signés, tout baigne et nous faisons l'enregistrement. Jacques Charon interprète son rôle avec sa grande intelligence du théâtre, sensibilité, mesure, pondération. Comme d'habitude, Le Poulain se déchaîne dans la démesure, dans *l'hénaurme,* son interprétation des personnages féminins de la pièce confine au délire comique. Le montage de la bande terminé, j'en expédie une copie à Cocteau qui était à Saint-Jean-Cap-Ferrat. Je reçois aussitôt une lettre en réponse à mon envoi.

Saint-Jean-Cap-Ferrat, le 12 avril 1954.

« Mon cher Kiriloff, tu le sais (souligné) *je trouve que la charge d'une des voix enlève aux Mariés son sens vrai et son style dans son interprétation. Charon a bien mieux compris la poésie des Mariés. Vois cela. Ton poète qui t'embrasse. Jean Cocteau. »*

« Tu le sais », ensuite quant à la charge d'une des deux voix,

je ne nomme personne, Cocteau non plus d'ailleurs, l'allusion se suffit à elle-même. C'est vrai ! J'ai laissé faire Le Poulain, je ne résiste pas à ses gugusseries, il me fait trop rire, c'est mon tendon d'Achille. Et après cette volée de bois vert, Cocteau est remonté dare-dare à Paris et nous avons refait un enregistrement. Il a sermonné Le Poulain et je dois reconnaître que sous la houlette du poète, Le Poulain était dans ce second enregistrement, le grand comédien qu'il est… quand il ne se laisse pas aller… Pour en terminer, j'ai profité de la présence de Cocteau pour lui faire enregistrer toutes les didascalies du texte.

Lire deux lignes de la préface des *Mariés de la Tour Eiffel* :
« *Les Mariés de la Tour Eiffel sont l'image d'un état d'esprit poétique auquel je suis fier d'avoir déjà beaucoup contribué.* »
Voilà ! À bon entendeur…

Un Roi, deux Dames et un Valet, pièce en trois actes de Madame Simone et François Porché, mise en scène de Jacques Sereys.

Encore une fois, la façon dont les choses s'imbriquent, en ce qui me concerne, est tellement effrayante d'étrangeté, qu'il fallait bien un jour ou l'autre que j'exerce à la Comédie-Française ce que Roger appelait : *Ma coupable industrie*. D'autre part, dans toutes les situations où je me suis trouvé, j'y ai toujours pénétré avec la grâce d'un éléphant pénétrant dans un magasin de porcelaines. Et la chose se fit de la façon suivante. En 1952, quand nous avons monté *Robinson* de Jules Supervielle au Théâtre de l'Œuvre dans une mise en scène de Jean Le Poulain. Il avait repéré un élève du Conservatoire et lui avait donné dans la pièce un tout petit bout de scène, le personnage d'un coiffeur, et dans ce personnage, le jeune élève était étourdissant de drôlerie.

Les auteurs venaient rarement. Une fois, Le Poulain nous dit un jour :

— Ah ! J'ai retrouvé des textes de Supervielle, il y a une pièce ravissante qui n'a jamais été montée, ça ferait une création, elle s'appelle *Robinson*, c'est édité chez *Gallimard*, je l'ai trouvée dans *Le théâtre complet* de Supervielle.

Il fait les démarches nécessaires à la société des auteurs. On doit demander la permission, Supervielle donne la permission de monter sa pièce. On commence, on fait une lecture, il était là, on répète. La musique est du père Sauguet, il y avait le jeune Cremer et les autres acteurs.

Supervielle était un vieux monsieur très aimable, très gentil, il était là tout le temps. Tout d'un coup, en plein milieu d'une scène il nous interrompt, se tourne vers Le Poulain :

— Le Poulain, c'est pas ça du tout, c'est pas ça du tout, du tout, du tout !

Le Poulain est très surpris.

— Comment ça, ce n'est pas ça du tout ?

— Non, non, ce n'est pas le texte, ce n'est pas le texte.

— C'est le texte, ce n'est pas possible !

On travaillait tous sur des exemplaires de chez *Gallimard*, ce n'était pas une frappe dactylographiée. Le Poulain se penche vers Supervielle, lui montre la scène, il appelle Cremer, qui descend de scène et vient à la table du metteur en scène. Le Poulain dit :

— Reprenons la scène devant Monsieur Supervielle.

Ils étaient tous les trois autour de la table, ils commencent à lire leur texte, tout le monde filait le texte sur l'édition de *Gallimard* et tout à coup Supervielle fait :

— Ah ! Mais, c'est parce qu'ils…, mais non, oh ! excusez-moi, excusez-moi, c'est *Gallimard* qui s'est trompé…

Le Poulain fait :

— Il s'est trompé sur quoi ?

— Sur mon texte, ce n'est pas du tout ce texte-là.

Et à ce moment-là, Supervielle met la main dans la poche intérieure de son veston, sort deux pages dactylographiées, tapées à la machine, pliées en quatre, qu'il déplie et nous dit :

— Voilà le vrai texte.

Le Poulain fait :

— Ah ! bon !

— Oui ! Oui, oui, oui, le vrai texte, ça prend de cette réplique-là, y a tout ce texte rajouté qu'a oublié *Gallimard* et puis après ça, on raccorde.

Le Poulain fait :

— Ah ! bon, ah ! bon, très bien.

Tout le monde reprend sur des bouts de papier. Bon, on va intercaler dans la scène…

— Ah ouioouioui, c'est absolument indispensable.

Trois jours après, au milieu d'une autre scène, Supervielle fait :

— Euh, ah non, non, c'est pas ça du tout, c'est pas ça du tout.

Le Poulain met son bonnet de travail :

— Aaah ! Ça commence à bien faire là, votre truc !

Surpervielle nous ressort quatre feuilles dactylographiées tapées à la machine pas imprimées du tout et Le Poulain lui dit :

— Attendez, *Maître*, là y a un truc, vous êtes en train de nous réécrire la pièce ?

— Mais non, pas du tout, c'est *Gallimard* qu'a oublié…

Et Le Poulain fait :

— Non, non, non, là je ne suis pas d'accord du tout ! en écoutant les répétitions, vous êtes en train de nous réécrire des scènes, de nous rajouter des scènes, la pièce fait deux heures, on va la jouer en trois heures, alors là, je suis plus d'accord du tout, d'autant plus que ce que vous nous rajoutez est superfétatoire, ça ralentit les scènes, ça ralentit le rythme, moi, je ne suis pas du tout d'accord avec ça.

Supervielle répond :

— Ah ! Oui, Monsieur Le Poulain, je suis quand même l'auteur et j'ai le droit de…

Le Poulain fait :

— Oui, vous avez peut-être tous les droits, mais vous n'avez pas le droit de nous emmerder !

Le ton a monté et Supervielle s'est calmé. Dans les quatre pages qu'il avait écrites, on en a coupé les deux tiers, on a gardé six répliques et avec Supervielle Le Poulain a mis les choses au point. Il se passe encore deux, trois jours, Supervielle vient au filage, il était là tous les après-midi et tout d'un coup il fait :

— Monsieur Le Poulain, Monsieur Le Poulain…

— Qu'est-ce qu'il y a ? fait Le Poulain un peu rude, il commençait à avoir vraiment la moutarde.

— Je voudrais vous proposer une variante, une modification…

Et Le Poulain :

— Non ! Non ! C'est fini !

Il descend de scène, se précipite sur Supervielle, l'attrape par le veston.

— J'ai une chose importante à vous dire, Monsieur Supervielle, c'est la dernière fois que je monte un auteur vivant ! C'est trop emmerdant ! Parce que là, vraiment, on est trop emmerdé !

Supervielle a trouvé la pièce superbe, bien montée, malheureusement à l'époque on n'avait rien, il n'y avait pas de caméscope comme aujourd'hui, je regrette qu'on n'ait pas filmé, c'était un très très beau spectacle. C'était les débuts de Bruno Cremer, qui venait de sortir du Conservatoire, c'était les débuts d'un petit élève du conservatoire que Le Poulain avait dégoté parce qu'il avait fait passer plein d'auditions, Jacques Sereys, qui avait dix-neuf ans.

La pièce terminée, le jeune élève retourna à ses chères études d'art dramatique, obtint un premier prix de comédie et, tradition exige, fut engagé à la Comédie-Française. Là, les promesses de *Robinson* se confirmèrent, il y fit feu des quatre fers et logique oblige, fut nommé sociétaire. Hors sa passion de jouer la comédie, Sereys était titillé par le démon de la mise en scène ! Le jeune coiffeur de la courte scène de *Robinson* avait-il apprécié mon travail ? Peut-être, car un beau jour de l'année 1958, Sereys me propose de faire la bande sonore d'une pièce qu'il met en scène à la Comédie-Française, pièce de Madame Simone et François Porché, qui a pour titre *Un Roi, deux Dames et un Valet*, sa première mise en scène dans la Maison de Molière, ou peut-être plus simplement encore, tout bonnement sa première mise en scène tout court. Dans les rôles principaux :

Madame Annie Ducaux et le tout jeune Jean-Paul Roussillon.

Quant à moi, je fais ainsi mon entrée dans la Maison par la grande porte et en fanfare, car il y avait beaucoup de fanfares dans cette pièce. La Comédie-Française, La Grande Maison, La Maison, Le Français, appelez ça comme vous voudrez, mais le fait d'y pénétrer de plain-pied, officiellement, n'en demeure pas moins impressionnant. Ça devait déjà l'être du temps de Molière, du *patron*, ça l'est encore aujourd'hui et ce le sera toujours tant que cette gigantesque, cette titanesque machine sera toujours en perpétuelle mouvance, donc en vie. Entrer à la Comédie-Française et surtout y être adopté par la Maison est cent mille fois plus difficile que de pénétrer ou de s'échapper de *Sing-Sing*. La Comédie-Française est une grande famille, du Doyen au plus anonyme des machinistes, il fait partie à vie, pourrait-on dire, de cette hydre de Lerne à quatre cents têtes. Oui, La Maison est une grande famille, mais c'est aussi la *Famille des Atrides* comme la définissait, avec une effrayante lucidité, Madame Dussane. Famille grisante, merveilleuse et tout à la fois infernale. Claquemurée dans la citadelle des murs de son théâtre, elle prend grand soin de ne laisser pénétrer en son sein aucune créature vivante venue de l'extérieur. Arriver inopinément pour travailler dans la Maison, c'est devenir illico un envahisseur. L'obstruction est si subtile, noyée, camouflée dans une exquise urbanité de façade, qu'elle devient de fait quasiment indécelable. Le fin du fin, le tour de force, la chance surtout, c'est de se faire adopter ou, au pire, de se faire tolérer dans ce kolkhoze redoutable, champion toute catégorie du vase clos hermétiquement. Et ce que je dis pour mon compte est aussi valable pour n'importe quelle catégorie à n'importe quel échelon d'un quelconque membre de la Maison. J'ai connu des acteurs, pourtant très anciens dans la Maison, qui n'ont jamais été intégrés par elle. Et puis, il y a les rites, le cérémonial, les usages, bons et mauvais à la fois, les traditions, et surtout *LA TRADITION*. Bousculer, érafler, égratigner la sacro-sainte *tradition*, c'est déclencher une suite de réactions en chaîne dont les retombées sont totalement imprévisibles, inexplicablement mauvaises ou bonnes sans qu'il puisse être possible, logiquement, d'y déceler un quelconque rapport avec le bon sens le plus élémentaire. Voilà donc le décor planté sur la scène duquel j'allais faire mon entrée. Il y a une chanson de Pierre Vassiliu, qui pour moi résume exactement le background ésotérique de la Comédie-Française, en voici les premières paroles, légèrement adaptées à mon usage personnel :

Qu'est-ce qui fait ? Qu'est-ce qu'il a ? Qui c'est celui-là ? Complètement toqué, ce mec-là ! Il a une drôle de tête, ce type-là ! Avec son magnéto, les gars, l'est vraiment bizarre, les gars ! Ça se passera pas comme ça. On va pas s'laisser faire, les gars ! Avec son magnéto, qu'est-ce qu'il a ? On va le mettre au pas, ce type-là !

Charmant ! Non ? Voire ! L'installation, dite sonore, que je découvre est pour le moins étrange, pour ne pas dire débile. Visitons ensemble et jugez vous-même ! Dans la coulisse, côté jardin, situé vers le fond de la scène, à côté du monte-charge à décors, existait une sorte de petite construction amovible et fixe, une sorte de petite boîte équipée en loge de maquillage, avec glace, lumières et deux banquettes où les acteurs pouvaient entre deux scènes changer rapidement de costume, se faire un raccord de maquillage ou bien encore, attendre sur le plateau leur prochaine entrée en scène. Cette construction portait un nom, étrange, cocasse, dont je n'ai jamais su l'origine, *le guignol*. Sur le toit plat du *guignol*, deux tourne-disques antédiluviens, flanqués de deux amplificateurs de son préhistoriques, alimentaient quelques haut-parleurs disséminés, hagards, sur la scène. Toute cette curieuse installation étant manipulée par deux électriciens du plateau. Toujours avec une exquise urbanité, assortie d'une bienveillance feinte, l'on me montre tout ce matériel pompeusement baptisé *Cabine de son* et l'on me fait entendre d'étranges borborygmes sonores, qualifiés de sons musicaux issus de cette installation. C'est à partir de là que les choses se gâtèrent. Je refuse, tout net, d'utiliser ce matériel préhistorique. Tollé général ! J'exige deux magnétophones, des amplificateurs de son modernes, des enceintes acoustiques de qualité, bref, un matériel sonore conforme aux normes qualifiées alors de *hi-fi*, haute fidélité. Et je déclenche… une grève ! Oui, je dis bien une grève, une grève des électriciens. Ayant joué sans le savoir à l'apprenti sorcier et quand même impressionné, mon radar me susurre de tenir bon et de ne pas céder aux multiples pressions qui s'exerçaient à mon encontre. Comme cette Maison est, je le répète, infernale et délicieuse tout à la fois, je prends sur le tas ma première leçon de tradition de la Maison. Sereys, metteur en scène, responsable du spectacle, manœuvre avec une habileté consommée de diplomate et joue en acteur de son charme, car, au Français plus que partout ailleurs, on joue la comédie aussi bien dans les coulisses, les couloirs, les loges, et quelquefois beaucoup mieux que sur la scène. Et comme dans la Maison, c'est quand même le Théâtre avec un grand T qui prime et qui finit par l'emporter, on arriva à un modus vivendi. Sans aucun supplément à mon contrat, de surcroît très confortable, je fournirai les magnétophones et tout le matériel sonore adéquat pour assurer la partie sonore du spectacle, le personnel du service électrique ne se mêlera de rien et ne sera en aucun cas responsable, enfin j'assurerai moi-même la conduite sonore du spectacle. Commençant à assimiler les arcanes secrets de la Maison, je joue à celui qui n'entend pas les réflexions *mezzo voce*, plus aigres que douces, je joue aussi à ne pas remarquer les coups d'œil en biais, et puis basta ! Comme si rien ne se passait, je fais mon travail. Quand même, je dois reconnaître que ce hourvari déclenché par un petit jeune homme qui savait ce qu'il voulait, n'a pas été plus lourd de conséquences qu'une tempête dans un verre d'eau. En entrant à la Comédie-Française, pour y déclencher sans le savoir un processus de rénovation, j'étais quand même et je suis toujours séduit, et sous le charme, par l'ambiance ambiguë de cette étonnante Maison. Il faut bien le reconnaître, la grande force et la grande qualité de cette vénérable Maison, qui lui permet de résister à toutes les tribulations, c'est que l'on reconnaît unanimement et avec, tout à coup, une authentique sincérité et une entière bonne foi, les résultats d'un travail réussi et là tout le monde s'incline et applaudit. J'ai eu cette chance immense. Je n'en ai pas été pour autant adopté d'emblée, disons que j'ai été toléré. Mais j'ai quand même gagné la partie car deux ans après cette mémorable aventure, étonnamment, mystérieusement, comme par un hasard que l'on voudrait inexplicable, une sorte de coïncidence qui prendrait des airs de banalité, j'ai appris par le biais, car encore une fois c'est une des règles maîtresses de la Maison que l'on apprend toujours tout par des biais, j'ai appris donc que l'on faisait une nouvelle installation sonore avec un matériel sonore nouveau, le plus sophistiqué qui se puisse trouver pour l'époque. J'avais sans le savoir gagné un pari que je ne m'étais jamais fait. Au jour où j'écris ces lignes, je viens de signer ma quatre-vingt-dix-septième réalisation sonore dans cette illustre Maison.

Ce qui m'est difficile, m'est toujours nouveau.
Paul Valery

Madame de Létraz :
— Mais que voulez-vous que je fasse d'un sonorisateur ? Comment s'appelle-t-il déjà ? Kiriloff ? Connais pas ! Encore une fois, mon petit Jacques, je n'ai pas besoin d'un sonorisateur, mon théâtre est un violoncelle.

La dame qui parle s'appelle Simone de Létraz, c'est la directrice du Théâtre du Palais-Royal. Mais c'est avant tout, la veuve de *Mon Jean*. Mon Jean, c'est Jean de Létraz, le célèbre vaudevilliste, l'immortel auteur de *Mou-Mou*, de *La Fessée*, de *La Mariée en a deux* et d'une cinquantaine de vaudevilles grivois pour ne pas dire graveleux qui lui ont assuré, en dehors d'un solide renom d'auteur dramatique, une fortune considérable en droits d'auteur et pour cause, les vaudevilles de Mon Jean sont représentés sur les scènes du monde entier ! Quant au violoncelle, c'est *son* théâtre, le Théâtre du Palais-Royal.

Bien campée derrière son bureau directorial, elle s'adresse à Jacques Sereys, sociétaire de la Comédie-Française, qui va mettre en scène l'adaptation française d'une pièce américaine qui remporte un énorme succès à Broadway : *Un dimanche à New York*, avec en tête d'affiche, Marie-José Nat et Jean-Claude Brialy et, bien sûr, les décors seront de Roger Harth. Jacques Sereys, depuis un long moment déjà, s'efforce d'expliquer à Madame de Létraz qu'il n'est pas question de sonoriser le Théâtre du Palais-Royal mais de confectionner une bande sonore bourrée d'effets de bruitages et de musiques qu'il juge indispensable à sa mise en scène. Efforts vains, la veuve de Mon Jean reste imperméable aux explications de Sereys. Charmante, délicieusement folle, mais redoutable femme d'affaires, l'éventualité d'engager un homme du son et de dépenser un argent qu'elle juge totalement inutile la hérisse. Il n'y a jamais eu la moindre note de musique dans les vaudevilles de son mari, pas plus que d'effets sonores de bruitages, par conséquent les pièces des autres n'en ont pas besoin non plus ! Sereys, désespérément, essaie de convaincre.

Létraz :

—Mais, mon petit Jacques, j'ai encore relu la pièce cette nuit, où voyez-vous qu'il faut sonoriser mon théâtre ? Vous voulez donc abîmer mon violoncelle ?

— Chère Madame, il ne s'agit pas de sonoriser votre théâtre-violoncelle, j'ai seulement besoin pour ma mise en scène, de musiques et de bruitages.

— Bon, d'accord ! mais où ? Montrez-moi où, mon petit Jacques.

— Par exemple, chère Madame, à cet endroit précis.

Il montre un endroit sur la brochure.

— Voyez-vous même, l'auteur a écrit dans son manuscrit : *Brialy et Marie José Nat sont dans une voiture qui roule.*

Létraz :

— Et bien ?

— Normalement, une voiture qui roule ça fait du bruit.

— Et bien, Brialy n'a qu'à faire *PPPrrrr* avec sa bouche et le tour est joué, mon petit Jacques, pourquoi compliquez-vous ce qui est si simple ?

— Chère Madame, c'est impossible.

— Pourquoi impossible ? Je ne vois pas où est la difficulté.

— La difficulté vient de ce que pendant ce temps Brialy parle à Marie José Nat.

— Et qu'est-ce qu'il peut bien lui dire ?

Sereys, éberlué :

— Il dit le texte qu'a écrit l'auteur.

— Alors avec tout l'argent que je lui donne, une fortune mon petit Jacques, Brialy me coûte une fortune ! Il ne peut pas faire les deux choses en même temps ?

Sereys, qui commence à craquer :

— Non, Madame, il ne peut pas, s'il pouvait, il serait millionnaire comme le Pétomane.

— Comment ça mon petit Jacques ?

— Faire *PPRrrrrrrr* et dire en même temps le texte de l'auteur, ça le pétomane aurait pu le faire, il employait des moyens… disons spéciaux. Malheureusement il est mort.

— Comme Mon Jean. Elle est soudain rêveuse. C'était un très bel homme, grand, blond, élégant, racé, enjôleur, l'œil bleu…

— Monsieur de Létraz ?

— Mais non, mon petit Jacques, le pétomane… Savez-vous que je l'ai très bien connu ? Ah ! S'il avait voulu…

— S'il avait voulu quoi, chère Madame ?

— Rien… rien… je rêve… Qu'est-ce que je raconte ? Où en étions-nous ?

— Entre autres choses, il me faut un bruit de moteur automobile.

— Mais j'ai un régisseur qui est là pour ça, mon petit Jacques, je le paye une fortune. Beaucoup trop cher… Ah ! Les syndicats ! Ils nous mettront tous sur la paille ! Je suis ruinée… Le théâtre agonise, mon petit Jacques… Il va mourir. (un silence) Vous me parliez de quoi au juste ?

Sereys, qui s'énerve :

— D'un bruit de moteur automobile pour la scène de la voiture.

— Je vais appeler mon régisseur, il doit bien y avoir un disque d'automobile quelque part dans mon théâtre. On le fera passer, ça sera très joli, les spectateurs seront charmés.

— Non, Madame, le son sera très mauvais et les spectateurs seront mécontents.

— Mais c'est impossible que le son soit mauvais, puisque mon théâtre est un violoncelle.

— C'est le disque qui sera mauvais, Madame, pas votre théâtre.

— Alors, restons en là, mon petit Jacques, si vous ne voulez pas de mon disque.

— Je ne veux pas de disque, je veux Kiriloff!

— Encore ce Kiriloff? C'est votre petit ami ou quoi?

— Ohhh! Madame!

— Alors si ce n'est pas votre petit ami… (un temps et dramatique) Malheureux enfant, je comprends tout, il sait des choses sur vous… Il vous fait chanter.

— Mais pas du tout, Madame, où allez-vous chercher tout ça?

Létraz, changeant brusquement de ton et très gaie :

— C'est une idée de pièce qu'avait eue Mon Jean pour Le Poulain. C'est l'histoire d'un jeune homme très élégant, légèrement équivoque et qui…

Sereys, il commence à être vraiment lassé :

—Mais ça n'a aucun rapport avec ma mise en scène, Madame.

Le téléphone sonne. Mme de Létraz décroche.

— Allô? Oui? Ah! C'est vous… Bonjour, mon petit Jérôme… (à Sereys) c'est Jérôme Hullot. Sereys opine. Quel bon vent vous amène?

Grand silence pendant tout le coup de téléphone, Sereys va annoter sa brochure. Il fait sûrement l'inventaire des bruits et de la musique dont il a besoin. Malgré tout, il écoute.

Létraz :

— Si j'ai préparé le contrat de Kiriloff? Encore lui? Mais qu'est-ce que vous avez tous avec ce Kiriloff? Non, Jérôme, je n'ai pas besoin de sonorisateur, mon théâtre est un violoncelle, je viens de le dire au petit Sereys. (silence) ah! (grand silence) il est indispensable? (grand silence) Bien…. Il n'y a que lui à Paris qui puisse faire ça? Oui… C'est ce que me répète Sereys depuis une heure… (silence) il est indispensable? (silence) Mais je disais à Sereys que mon régisseur… (silence) non? Ah bon! Alors, vous me dites bien que mon régisseur ne peut pas faire le travail? (silence) Vous en êtes sûr? (silence) Alors, vous vous êtes ligués avec Sereys pour me mettre ce Kiriloff sur les bras et me ruiner définitivement? (silence) Mais non, mon petit Jérôme, je ne suis pas folle, je suis directrice de théâtre, tout ça me coûte beaucoup trop d'argent. J'aurais dû remettre à l'affiche une pièce de Mon Jean. (silence) Bon, puisque vous y tenez tous… (silence) mais je n'irai pas au-delà de trois mille francs. (silence) Ah, bon? Je l'aurais à moins votre Kiriloff? (silence) Pour deux mille francs, il fera le travail? Vous en êtes sûr? Subitement très gaie. Mais il est très bien ce Kiriloff, que je ne connais pas, je suis certaine qu'il a beaucoup de talent. Croyez en mon flair, mon petit Jérôme, en-dessous de trois mille francs tout le monde à beaucoup de talent! Vous aussi vous avez beaucoup de talent… C'est ça, envoyez-moi votre Kiriloff… avec son talent! (elle rit toute seule) au revoir mon chou.

Elle raccroche. À Sereys :

—Vous aussi!

Sereys lève le nez de sa brochure.

— Pardon?

Létraz :

— Je dis… (elle appuie lourdement sur les mots) que vous aussi vous avez beaucoup de talent!

—Ah? Merci.

— *Votre* Jérôme Hullot vous embrasse.

L'intonation veut en dire long… Sereys, mal à l'aise :

—Ah bon?

— Voilà ! Tout est arrangé ! Vous l'aurez votre indispensable Kiriloff ! Mais je demande à voir… je suis sceptique, comme la fausse de Marivaux.

Sereys :

— Comment ? Quelle *Fausse* de Marivaux ?

Létraz :

— Et bien *La Fausse sceptique* de Marivaux, c'est une pièce charmante, m'a-t-on dit, qui se passe à la campagne… (lourdement allusive) et il n'y a pas de bruits de voitures ! Vous ne la connaissez pas cette pièce ? Ça m'étonne de vous… avec votre culture !

Sereys pouffe de rire, le nez dans sa brochure. Il se ressaisit :

— Non, Madame, je ne la connais pas… mais donnez-moi cette pièce, je vais la lire.

Létraz :

— Quand même, pour ce Kiriloff… je suis sceptique… enfin, pourvu que la pièce marche… touchons du bois ! (elle se touche le front.) À Dieu vat !

Le téléphone sonne.

— Allô ? C'est encore vous, Jérôme ? Bien… (à Sereys, avec un regard suspicieux) *Votre* Jérôme veut vous parler.

— À moi ?

— Oui à vous… pas à Mon Jean. Il était normal, lui.

Sereys, qui vraiment commence à s'énerver.

— Ça veut dire quoi : il était normal, lui ?

— Ça veut dire qu'il écrivait et qu'il mettait en scène des pièces sans bruits de voitures et sans musiques. Voilà ! C'est tout.

Elle lui passe le combiné.

— Allô ? Oui ? Bon… d'accord ! Je vais transmettre… parfait… À ce soir pour la lecture de la pièce.

Il raccroche le combiné.

— Hullot me charge de vous dire qu'il faut mettre le nom de Kiriloff sur les affiches de la pièce, après celui du décorateur.

— Ah bon ? C'est nouveau, ça !

— Cela se fait toujours.

— Donc, il faut que j'appelle l'imprimeur ?

— Ce serait une bonne idée.

— Et que faut-il marquer sur l'affiche ?

— Réalisation sonore de Fred Kiriloff.

— Mais c'est une *star* votre sonorisateur, et pourquoi pas dans le programme, pendant que vous y êtes ?

— Cela se fait également.

— Ne me dites pas qu'il faut y mettre aussi sa photo.

— Habituellement elle y figure.

— J'ai eu tort de céder à Hullot. Décidément, il me ruine ce Kiriloff… Je suis sûre qu'il n'a pas tant de talent que ça !

Fin de ce dialogue authentique.

Quoi qu'il en soit, quelques jours plus tard, je suis allé au Théâtre du Palais-Royal signer mon contrat. Assis en face d'une Madame de Létraz dubitative qui, manifestement, ne comprenait toujours pas pourquoi Sereys et Hullot tenaient tellement à ma collaboration. Les yeux écarquillés, bouche bée, moi aussi j'ai entendu pendant une heure parler de violoncelle et de l'impérieuse nécessité qu'il y avait à ne pas *sonoriser* son théâtre. Patiemment, j'écoutais Madame de Létraz parler, parler, et parler encore… Petit à petit, au travers de ce fatras, cette logorrhée, je commençais à percevoir le rôle de Jérôme Hullot dans cette aventure. Madame de Létraz n'était pas seule à financer ce spectacle, elle avait un associé, un coproducteur que Jérome Hullot représentait. Il fallait donc bien que la directrice du *Palais-Royal–Violoncelle* passe sous Les Fourches caudines de son associé, Fourches caudines dans lesquelles j'étais inclus. Bref, après toutes les palabres traditionnellement inévitables dans le petit monde du théâtre, nous sommes entrés en répétitions pour un grand mois et chaque jour, Madame de Létraz nous recommandait de bien faire attention et surtout de ne pas abîmer son violoncelle. À l'ultime répétition avant de jouer la pièce devant le public, seule spectatrice dans la salle, Madame de Létraz trouva tout charmant. La pièce était charmante, les acteurs charmants, les décors charmants, la mise en scène charmante, y compris ma bande sonore qui était charmante, elle aussi ! Mes bruitages de voitures, mes ambiances de circulation automobile new-yorkaise, les musiques que nous avions choisies, Sereys et moi, tout était charmant, Madame de Létraz était charmée ! Le public le fut aussi. Ce *Dimanche à New York*, nous l'avons joué trois saisons de suite dans le violoncelle plein à craquer de la veuve de Mon Jean. Et pour prolonger ce succès parisien, la pièce est partie pour une longue tournée à travers la France. Cette merveilleuse aventure terminée, chacun s'en est allé vers d'autres tribulations théâtrales plus ou moins heureuses. Et depuis la nuit des temps de l'art dramatique, c'est toujours ainsi que s'écoule la destinée chaotique des saltimbanques.

J'ai été au Conservatoire écouter les pièces pendant des années parce que ça m'amusait beaucoup d'entendre la classe d'Henri Rolland, de Guy Marchal, de Leroy. J'arrivais là parce que tout le monde savait qui j'étais, me connaissait, c'était des copains. J'ai fait trois spectacles en exercice d'élèves au conservatoire. Meyer qui était directeur de la classe me faisait :

— Ouaf, ouaf, kiriloff, ils sont encore venus vous chercher.

Je disais :

— Oui pourquoi, ça vous gêne ?

— Oh ! non ! Non, mais vous êtes bien bon.

Je lui disais :

— C'est des copains, ils passent le concours, ils font un exercice d'élèves sous votre direction, c'est vous qui mettez en scène. Ils font *Richard III*, ils ont besoin de musique, ils viennent me demander des musiques, je ne peux pas leur refuser.

— Ouaf, ouaf, vous êtes bien bon…

Un jour, le père Meyer me fait :

— Kiriloff, faut qu'j'vous dise quelque chose, la pièce que je viens de voir, vous avez fait une bande sonore formidable, mais alors moi, vous comprenez, j'aime pas la musique.

Je n'ai jamais travaillé avec Meyer. J'ai travaillé vingt ans à la Comédie française, j'en ai fait avec Sereys, j'en ai fait avec Chaumette, j'en ai fait avec Charon, vingt avec Charon au moins.

J'étais réputé pour être le mec le plus cher de Paris. Un de mes premiers contrats fut signé avec une dame qui s'appelle Denise Petitdidier, qui est directrice du Théâtre d'Aunou, qui est un personnage tout à fait étonnant. La première particularité de Denise Petitdidier c'est qu'au premier contact, elle t'avale ou elle t'avale pas, si elle t'avale, t'as aucun problème, si elle t'avale pas, c'est très chiant. Michel Roux m'a dit :

— Je monte une pièce au Théâtre d'Aunou, il y a une bande assez importante, il faut que tu voies la directrice, tu lui téléphones.

J'entends une voix un peu sèche qui me dit :

— Demain, à trois heures.

Je rentre dans son bureau, et elle me dit :

— Vous avez un agent ?

— Non, Madame, je n'ai pas d'agent.

— Vous êtes syndiqué ?

— Non, Madame, je ne suis pas syndiqué.

— Vous appartenez à une association syndicale ?

— Non.

— Bon, vous savez ici on travaille un peu comme ça et je n'ai pas beaucoup d'argent. Je ne sais pas quelles sont vos prétentions, on me dit que vous avez beaucoup de talent, vous êtes très, très, très cher. Je ne sais pas si je pourrai vous payer, mais combien voulez-vous ?

Et je dis à Denise Petitdidier :

— Madame, ce que vous voulez.

Alors il y a eu un grand silence…

— Qu'est-ce que vous avez dit ?

— Vous me demandez combien je veux pour faire ce travail, je vous dis, Madame, ce que vous voulez…

— Et si je n'ai pas d'argent ?

— Madame, je trouve la pièce très amusante, le travail que j'ai à faire m'amuse beaucoup, c'est passionnant.

Gros silence.

— Je vous donne un pour cent.

— Madame, si vous voulez.

— Ah, mais ce sera un pour cent de la recette nette.

— Vous me donnez un pour cent, je prends un pour cent.

C'est mon premier contrat avec Madame Petitdidier, que je n'ai pas signé. J'ai fait vingt spectacles, au moins, au Théâtre d'Aunou, je n'ai jamais signé un contrat avec Denise Petitdidier. Elle me disait :

— J'ai lu la pièce, ce n'est pas grand-chose comme travail, alors je te donne un demi-pour cent.

— Oui, si tu veux.

Ou alors une autre pièce.

— Là, c'est important, je te donne deux pour cent de la recette nette.

— Oui, si tu veux.

Et je n'ai jamais eu et Dieu sait si Denise Petitdidier a une réputation difficile dans la profession, je n'ai jamais eu aucun problème avec Denise. Nous sommes restés de grands amis. Je ne suis pas l'inventeur de la formule :

— Donnez-moi ce que vous voulez, donnez-moi ce que vous voulez.

Ça m'a été raconté par Pauline Carton. Un jour avec Pauline, on parlait de conditions des contrats et Pauline m'a fait :

— À moi, tu comprends, à chaque fois que j'ai tourné, avec Guitry c'était même plus la peine, à chaque fois qu'on me demandait combien je voulais, je disais ce que vous voulez…

— Ah non, Pauline, arrête, parce qu'étant donné ta réputation…

— Oui, mais avec ce truc-là, j'ai toujours été très bien payée.

On n'osait pas lui dire : *Madame Carton, on vous donne deux francs cinquante.* Pauline me fait :

— Tu comprends, ce truc est imparable !

Et c'est ce que j'ai fait avec Madame Petitdidier.

Visconti

— Dis donc Kiki, je monte au Théâtre des Ambassadeurs, me dit son directeur, une pièce américaine, *Deux sur la balançoire*, avec Girardot et Marais, pièce à deux personnages. Il y a une énorme bobine et c'est Visconti qui met en scène. Il faut que tu voies Visconti.

Moi, pris de panique à l'idée de voir Visconti.

— Oui, tu as rendez-vous avec Visconti demain à neuf heures du matin dans le hall du Théâtre des Ambassadeurs.

Je m'amène le lendemain matin, pris de panique, et je vois une sorte de grande chose maigre parlant admirablement le français qui me donne une brochure de *Compère* et qui me dit :

— Voilà la pièce, vous la lisez, vous me dites ce que vous voulez faire dedans comme son et, moi, je vous suis.

— Qu'est-ce que vous dites, Monsieur ?

— Vous lisez la pièce et vous mes dites, là y a du son, là de la musique, et j'adapte ma mise en scène à ce que vous me dites.

— Mais ce n'est pas possible.

— Si, si, si, si, faites comme je vous dis, faites comme je vous dis.

Jamais on ne m'a fait ça, jamais aucun metteur en scène ne m'a dit :

Je fais ma mise en scène par rapport à ce que vous me dites.

Je me dis, c'est un piège.

Visconti:

— On se revoit dans deux trois jours quand vous aurez lu la pièce.

Il répétait déjà. La pièce se passe chez un avocat et puis chez une petite call-girl paumée qui est Girardot. Ils se rencontrent et ils tombent amoureux l'un de l'autre mais au moment d'arriver à l'aboutissement, chacun à tous les coups se rétracte.

C'est une espèce de ping-pong dramatique, au moment de s'engager complètement, chacun trouve un truc pour revenir chez lui, au moment de coucher ensemble, elle se rétracte et ainsi de suite. Chez lui, c'est sur *Manhattan*, il est avocat. Chez elle ça donne sur les docks, c'est une petite chambre de bonne améliorée qui donne sur *River Street*. Elle a un tic, elle a une petite radio, façon radio 1930 en bois. Elle écoute toujours la même musique, elle se démerde pour toujours écouter la même musique. En lisant la pièce j'entends des bruits. Quand c'était chez lui, j'entends des bruits de klaxon de circulation, un bruit continu, c'est sur la cinquième avenue et puis chez elle, côté port, j'entends des grues, des sirènes de bateau, des mouettes. Je revois Visconti trois jours après.

— Monsieur, voilà, toutes les scènes qui se passent chez lui, avec elle, ou qu'il soit tout seul, moi, j'ai entendu une circulation continue d'autos et chez elle, qu'elle soit avec lui ou toute seule, j'entends des bruits de sirènes, de bateaux, de grues, des cris, des ordres autour.

Visconti me fait :

— C'est très bien, on va faire comme ça.

— Il faut que vous veniez à la maison pour choisir.

— Oui, oui, il n'y a pas de problème, vous me ferez écouter et on va sélectionner des sons tous les deux et on va garder ce principe-là. Et il y a une chose que je voudrais vous demander aussi, vous m'avez dit qu'elle écoutait toujours la même musique.

— Oui, je ne sais pas si ça vous plaira, mais, moi, j'ai entendu l'Andante du concerto de Ravel qui est une merveille.

— C'est exactement ce que je vous aurai demandé me dit-il. Vous aviez ça dans la tête ?

— Oui j'avais ça dans la tête.

On a fait toute la musique de la pièce comme ça.

— Je veux que vous soyez là tous les soirs avec vos magnétophones. Je veux absolument que ce soit vous.

— D'accord, mais je vous préviens, moi je m'installe dans la salle, je joue avec les acteurs. Si je suis en coulisse, je n'aurai pas l'acoustique, je n'aurai pas la même réaction que le mec qui a payé sa place et qui est assis à l'orchestre ou au balcon.

— Il n'y a aucun problème, vous aurez une petite loge dans la salle.

On a joué la pièce trois cents fois. Et tous les jours à dix heures du soir, j'avais droit à ma tasse de thé. Quand on a fait *La Putain* avec Delon et Schneider au Théâtre de Paris, j'ai retrouvé des musiques Renaissance et Visconti me dit qu'il allait faire venir d'Italie les informations qui me manquaient, des enregistrements à placer très précisément, des bobinots d'Italie qui étaient des musiques superbes. Il m'envoyait de petits bobinots qui commençaient comme ça :

— Bonjour mon Kiki, je t'écris pour t'embrasser d'abord et puis j'ai besoin que tu m'envoies pour une pièce que je monte telle musique que je ne peux pas trouver en Italie.

Nous sommes restés très amis. Quand on parlait, c'était des discussions encyclopédiques. Quand on a fait *La Putain*, il y avait un problème de costume. Il était à la maison un matin pour écouter de la musique :

— Je suis emmerdé.

Avec son costumier de cinéma, il appelle l'Italie et lui dit :

— J'ai un problème de costume, alors tu vas au musée untel, tu montes au deuxième étage, au deuxième étage à droite dans la troisième salle sur le côté gauche, le quatrième tableau, c'est un Guardi et sur ce Guardi, il y a une robe de femme. Tu prends le croquis de cette robe de femme et tu me l'envoies. Tu me mets tous les détails, tu me mets le corset, tu me mets la jupe, tu me mets les chaussures, tu me mets tout sur ton cahier et tu m'envoies tout ça et je ferai faire la robe à Paris.

Et tout ça pour cinq répliques à dire dans la pièce. Dans *La Balançoire*, il a fait travailler Marais et il s'est déchaîné sur Girardot, mais déchaîné. Quand on a fait *La Putain*, il a vaguement fait travailler Delon, il s'est déchaîné sur Schneider. Il la faisait travailler sans arrêt. Je ne sais pas pourquoi. Quand il s'est déchaîné sur Girardot, jamais elle n'a tété aussi bien. Dans *Deux sur la balançoire*, il en a fait une très très grande actrice.

Schneider dans *La Putain* était extraordinaire. Visconti, c'était un quart d'heure sur une phrase. Il avait Morozzi, son assistant, qui était d'une efficacité redoutable, qui savait ce que Visconti allait dire avant qu'il parle. S'il n'y avait pas Morozzi, il ne travaillait pas. Au théâtre, il avait Morozzi comme assistant et Morozzi n'a jamais fait de carrière. Il se contentait d'être l'assistant de Visconti, une espèce de *Père Joseph*… Quand tu vois la Magnani, quand tu vois les films qu'il a tournés, quand tu vois *Le Guépard*, regarde les rôles de femmes, il se déchaîne sur les femmes. Tu aurais demandé à Girardot de te raconter les répétitions de *Deux sur la balançoire*… Ça se sent sur la Magnani, ça se sent sur *Le Guépard*, ça se sent sur le film qu'il a tourné après *La Terre tremble*, le film qui commence avec un lancer de tract, *Senso*.

Il m'expliquait :

— Quand je tourne un film, je monte la pièce d'abord, je répète la pièce comme si j'allais la jouer au théâtre et, en répétant la pièce, je dis à Morozzi la caméra sera là, la caméra sera là… Et quand j'arrive au studio, je peux tourner ça en trois jours. Morozzi dit au chef opérateur, *la caméra est là, le réalisateur est là, la lumière est comme ça*. Les acteurs savent leur texte, savent leur place, ils savent dans quels décors ils vont être.

C'est un peu le système Guitry qui filme la pièce quand ils l'ont joué trois cents fois, Guitry fait ça, comme *Au théâtre ce soir*. Il met quatre caméras et puis il tourne, puis après ça il raccorde. Tandis que Luchino, tu ne peux pas faire ça quand tu tournes *Le Guépard*, ce n'est pas possible. Quand il a commencé à tourner *Le Guépard*, tout était écrit, il ne laissait aucune possibilité d'improvisation sur le tas, tout était écrit, les places des gens au bal, les coupes et après ça :

Je m'enfermais avec mon monteur, ça allait à toute allure.

Dans un autre style, il y a eu les grands numéros des comédies musicales américaines où c'était répété pendant un mois. Quand ils arrivaient sur le plateau, c'était tourné en quatre jours. Visconti savait gérer la liberté de ses acteurs et leurs possibilités et ça, c'est la plus grande qualité d'un metteur en scène. Quand il répétait *La Balançoire*, au bout de trois jours il avait fait le tour des possibilités de Marais, par contre Girardot avait une sensibilité qui lui permettait d'aller plus loin. Moi, je me disais, *c'est un mec qui a du talent, c'est une merveille de le voir travailler*. Le premier souvenir de Visconti que j'ai eu, je ne le connaissais pas, c'était au Théâtre des Nations quand la troupe de Paolo Stoppa est venue jouer *La Locandiera*, mise en scène par Monsieur Luchino Visconti. C'est un des plus beaux spectacles que j'ai vus de ma vie, c'était stupéfiant. Quand je le lui ai dit, il m'a répondu :

— Oui, c'était pas mal du tout.

Le père Anouilh, c'est Marguerite Jamois qui me dit un jour :

— Dis donc, je monte une pièce d'Anouilh, il y a un énorme montage de son à faire. Il faut que tu ailles le voir parce que je lui ai dit que c'était toi qui allais le faire.

Je vais au Théâtre Montparnasse, là je rencontre le père Anouilh avec ses petites lunettes. Il me donne la pièce à lire :

— Lisez la pièce, on parlera après.

On avait ce qu'on appelait des *Compères*. Quand un auteur avait écrit une pièce, il n'y avait pas d'ordinateurs à l'époque, il y avait juste une ronéo avec des stencils. Il y avait une maison spécialisée qui s'appelait la maison *Compère*, père et fils. L'auteur, sous le sceau du plus grand secret professionnel, donnait son manuscrit écrit à la main ou vaguement tapé à la machine. Chez *Compère,* il y avait une brigade de filles qui tapaient le stencil à la machine et une fois que le manuscrit était tapé, on en tirait vingt, trente, quarante, cinquante exemplaires qui étaient brochés avec de grosses agrafes de trois ou quatre centimètres d'épaisseur. Il y avait une couverture orange avec le tampon *Maison Compère* et on n'avait pas le droit de le divulguer. Anouilh me donne le texte à lire, ça s'appelait *Becket ou l'honneur de Dieu*, c'était joué par Ivernel, par Cremer que je connaissais, et une flopée de copains, Michel de Ré, sa femme, une belle distribution. Je lis la pièce, je le revois quarante-huit heures après et il me dit :

— Voilà, monsieur kiriloff, voilà ce que je veux comme musique, ça se passe au douzième siècle, c'est l'assassinat de Thomas Becket dans la cathédrale de Canterbury par les sbires d'Henri II. Donc musique modale, son sensible, musique de la Renaissance, du Moyen Âge. Voilà, j'ai beaucoup pensé à la musique, alors on va prendre du Debussy, on va prendre Richard Strauss, on va prendre de l'Albéniz.

Je me disais, on rêve, on rêve, on rêve. Je lui dis :

— Ah bon, très bien.

— Oui, oui, je vous dirai ce que je veux comme concerto de Ravel.

Je raconte ça à Ivernel qui me répond avec sa voix grave :

— Ooouais, ne t'occupe pas du père Anouilh, fais ta musique comme tu veux, fais ta musique comme tu l'entends, prends les trucs que t'as envie de prendre, ne t'occupe pas de c'qui dit, c'est pas très grave, j'le connais, j'ai déjà travaillé avec lui.

Je rentre et, tout à coup, il me vient une idée. Je commence par écouter toutes mes fanfares médiévales, la musique du XIe, du XIIe, du XIIIe, Guillaume de Machaut. Je reste dans l'époque.

Quand la répétition est finie, je me tourne vers le père Anouilh :

— Monsieur, j'ai trouvé un petit bout de musique que je voudrais vous faire écouter et je voudrais savoir si elle vous plairait.

— Ah ! Bon, qu'est-ce que c'est, c'est du Ravel ?

— Non, non, pas du tout, voilà, écoutez, écoutez.

Je mets ça sur le magnétophone du théâtre, j'appuie sur le bouton et l'on entend une très très belle fanfare médiévale sans chromatisme. Le père Anouilh écoute ça et y m'fait :

— Aaah, elle est maaaaaarrrrrante, Kiriloff, votre musique, elle est marrante, on devrait mettre ça à l'entrée du roi.

Y dit à Ivernel :

— Qu'est-ce t'en penses, Daniel?

— Ah ben, elle est bien la musique de Fred pour mon entrée. C'est impeccable, cette fanfare, c'est vraiment noble, c'est vraiment royal.

Alors, le père Anouilh fait :

— On va p'tête garder ça, on va p'tête garder ça.

Je dis :

— Ah bon, ben très bien.

Alors je le marque sur ma brochure. Le lendemain j'arrive avec une très belle *pavane* et à la fin de la répétition, je dis à Anouilh :

— Tenez, Monsieur, j'ai ça, si vous pouviez écouter cette musique pour savoir si elle vous plaît ou pas.

Le père Anouilh écoute la *pavane* et à la fin j'entends Michel de Ré :

— Mais c'est pour moi cette musique, c'est pour ma scène, c'est impeccable, c'est vraiment l'époque, ça va bien avec les costumes, avec les décors…

Anouilh fait :

— Ah bon, vous aimez ça? Eh bien gardons cette musique parce qu'elle a l'air marrante.

J'ai fait tout le montage de Becket, c'était énorme, comme ça, petit bout par petit bout, sauf une scène de vingt minutes qui se passait sur une scène vide avec un cyclo au fond bleu, des pendrillons noirs sans aucun décor. C'était la scène de rupture qui dure vingt minutes, entre le Roi et Becket, avant que le Roi décide de l'assassiner. C'est une espèce de scène d'amour qui s'appelle la scène de la rencontre et ça se passe dans une plaine. Ils sont tous les deux tous seuls sur un truc complètement plat. Le père Anouilh me fait :

— Kiki, faut qu'vous m'trouviez quelque chose de marrrant sur cette scène.

C'est une des plus belles scènes que le père Anouilh ait écrite. Je me dis, on peut pas mettre de la musique là-dessus, qu'est-ce qu'on peut faire? Qu'est-ce qu'on peut faire? Ils sont dans une plaine, c'est tout plat, c'est en Angleterre, c'est pratiquement en hiver, y a du vent, y a du vent, et je m'écoute tous mes enregistrements de vent que j'avais. Je me dis faut que ce soit un vent qui soit une espèce de vent musical et je finis par dégoter un truc qui dure trois minutes. Quand on le met en boucle, on peut en faire une heure. Avant d'en parler au père Anouilh, je dis à Ivernel et à Bruno Crémer :

— Mes enfants, pour votre scène de la rencontre y aura du vent.

— Ça va me faire chier, me dit Ivernel.

Je dis :

— Écoute, on va essayer et on va voir. C'est pas difficile, vous allez prendre la scène tous les deux.

Ils étaient en chevaux-jupon, des chevaux dans lesquels on rentre et qui sont tenus par des harnais, c'est du tissu en bas.

— Vous allez prendre le début de la scène, je vais vous faire passer le vent, je vous suis avec le vent, je joue avec le vent comme si c'était le troisième personnage de la scène et en trois minutes on va voir si ça prend ou ça ne prend pas, si ça ne prend pas, c'est instantané.

Lorsqu'on essaie une musique avec une scène en vingt secondes, tu te dis si c'est bon ou si c'est pas bon. Si c'est pas bon, t'auras beau tripoter dans tous les sens ça prendra pas, c'est comme la mayonnaise. Quand au Conservatoire, au concours de sortie, on voyait un élève qui commençait sa scène de concours pour avoir son prix, en quarante secondes ta religion était faite : ou le mec finissait sa scène, il avait un prix ou un accessit ou il se ramassait la gueule, mais en quarante secondes c'était fait. Je leur dis :

— Si la mayonnaise prend et vous me le dites vous-mêmes. Si ça vous gêne à ce point-là, on coupe tout, si ça prend, ça prend, ça vous gênera pas, ça vous aidera.

Je dis au père Anouilh :

— Alors voilà, on va faire une expérience, ce n'est pas définitif. On va essayer et vous-même vous allez dire si ça prend ou ça prend pas. Ivernel et Cremer sont prévenus, on se jette dans la piscine et on voit si on se noie ou si on nage.

— C'est quoi vot truc Kiki ? C'est du vent ? Vous n'allez pas mettre du vent sur cette scène ?

— Essayons, vous allez voir, Daniel va voir, Bruno va voir, j'vais voir, j'vais même faire descendre Marguerite. Elle n'a jamais vu la scène. Elle va voir les cinq premières minutes de la scène.

Je monte jusqu'au bureau de Marguerite, je lui dis :

— Viens, descends dans la salle, on fait une expérience avec la scène de la rencontre. Tu ne te mets pas à côté du père Anouilh, tu te mets derrière et tu diras ce que t'en penses.

Le père Anouilh :

— Alors, on la fait votre expérience ou on la fait pas ?

C'était à la fin de la répétition de l'après-midi, il était sept heures du soir. Bon, allons-y. Je fais partir mon vent, *s h v v v v v v v i i i i i i i i i i i i i i i i i i o u i i i i i i i i i i i i i i i i i i i i souiiiiiiiiiiiiiiiiiiiiiii*. Il y avait au moins deux colonnes sonores accrochées dans le cintre et j'avais placé deux énormes colonnes sonores au fond du cyclo. Le vent leur venait d'au-dessus et derrière eux. Ils commencent la scène et puis je réglais plus fort, moins fort. Il y avait des tensions, des silences où je montais un petit peu le vent et quand ils recommençaient à parler, je baissais tout. On en fait cinq minutes comme ça et on s'arrête. Le père Anouilh me fait :

— Eh ben, j'vais vous dire Kiki, c'est marrant vot'truc, ah c'est marrant, alors là j'aurais jamais pensé que c'était marrant comme ça !

Je dis à Bruno et à Daniel :

— Est-ce que ça vous emmerde ou pas du tout ?

Bruno me fait :

— Non, pas du tout.

Daniel me fait :

— Ben j'vais t'dire, ça m'aide.

Alors je dis :

— Demain on va faire la même chose sans le vent dans la répétition. Je ne vous mettrai pas de vent et vous allez me dire si vous en avez besoin ou pas.

Et j'explique tout ça au père Anouilh. Le lendemain ils attaquent la scène et au bout de deux minutes y a le père Anouilh qui me fait :

— Et vot'vent, il est où ? Mais c'est emmerdant quand y a pas l'vent, c'est emmerdant !

Alors je dis aux deux autres :

— Ça vous embête ?

Ivernel :

— Ben oui, on n'a pas l'vent, on n'a pas d'quoi se poser nos temps de respiration et on peut pas poser notre rythme.

— Alors j'mets l'vent ?

Anouilh qui fait :

— Mettez vot'vent marrant, alors !

Et c'est comme ça qu'on a fait la pièce. On l'a jouée trois saisons, trois ans. J'ai fait cinq ou six pièces du père Anouilh et il venait à la maison, y me disait :

— Kiki, je viendrai demain écouter de la musique.

Y venait dans ma chambre où il y avait toute la discothèque, y s'allongeait sur mon lit carrément, il disait :

— Allons-y ! Alors, pour cet endroit-là de la pièce, qu'est-ce que vous avez trouvé de marrant ? Alors, vous avez pensé à ma marche funèbre marrante ?

Tout le monde a dit que j'avais inventé cette profession. J'avais une place privilégiée en ce sens que j'étais à cheval entre les techniciens et les acteurs, entre les machinistes, les électros et les acteurs, j'étais à cheval entre la coulisse et la scène. Dans tout mon parcours, j'ai toujours eu des relations privilégiées avec les acteurs. Ils sont devenus des copains, des amis, on se voyait tout le temps. J'ai un seul exemple : quand on a monté *Cyrano*, Hirsch jouait Planchet, Toja jouait Cyrano, mise en scène de Charon. À un moment donné Planchet avait un monologue qui durait trois ou quatre minutes, et je dis à Robert, d'accord avec Charon :

— Tiens, je t'ai trouvé une musique qui va être en fond sonore sur ton monologue.

C'était un monologue d'une grande sensibilité. Un jour, Robert me dit :

— Il faut que je te remercie.

— Ah bon ?

— Parce que la musique que tu m'as mise sur le monologue, tu ne peux pas t'imaginer ce que ça m'aide.

Tous les acteurs avec qui j'ai commencé à avoir des relations professionnelles et qui sont devenues affectives, Renée Faure, Micheline Boudet, Hirsch, Charon un peu moins, Marchat, Radifé, Denise Petitdidier, Marie Morgan au Théâtre Saint-Georges, Chazot, Annie Ducaux, sur le boulevard, Madeleine Robinson, Raymond Gérôme, étaient vraiment des amis. Quand j'ai travaillé au Théâtre Français avec Madame Faure, Renée Faure était ou dans la salle ou en train de donner la réplique à un camarade ou une camarade en scène, aussitôt que je pénétrais dans la salle dans le milieu de la réplique qu'elle disait, on entendait :

— Ah bien, voilà l'abominable Kiriloff !

Ils étaient à la ville comme à la scène. Robert Hirsch, il fallait aller au cinéma à cinq heures, à sept heures, il était dans sa loge. Il mettait deux heures à se préparer. Il ne fallait plus lui parler, pendant ce temps-là on écoutait des cantatrices.

Serge Reggiani me téléphone :

— Je monte *Hamlet* de Shakespeare dans une traduction de Marcel Pagnol.

L'Hamlet de Pagnol est une des plus belles traductions que j'aie lues. Regianni me dit :

— Je monte *l'Hamlet* de Pagnol au festival d'Angers, j'ai un ami qui m'a fait la musique, est-ce que vous pouvez enregistrer la musique ? J'ai juste de quoi payer le musicien et vous donner un tout petit cachet et je n'ai pas de quoi payer le studio.

— Pour le studio ne vous en faites pas, on va faire ça sur la scène du Théâtre de l'Œuvre. Le Théâtre de l'Œuvre est une ancienne salle de concert, c'est une acoustique remarquable.

On fait le montage, il écoute l'enregistrement, il est absolument ravi et il part jouer *Hamlet* dans sa mise en scène au festival d'Angers. Un jour le téléphone sonne, c'était Reggiani :

— Monsieur Kiriloff, je vous appelle, il m'arrive quelque chose d'épouvantable. Au festival d'Angers, on n'entend rien du tout ! Il faut absolument que vous veniez, je n'ai pas d'argent.

— Ah ! ça, c'est embêtant.

— Je peux vous payer votre billet de train, je peux vous payer une petite chambre d'hôtel, je peux vous inviter à bouffer une fois par jour.

Je décide de descendre à Angers, où on me fait entendre une illustration sonore lamentable. Je dis :

— Moi, je n'ai pas été payé, je suis propriétaire de la bobine, si c'est ça, je repars à Paris avec ma bobine.

Ça fait un grand hourvari épouvantable. On finit par m'amener dans un grand hangar qui était rempli de matériel électroacoustique. Je leur dis :

— Je veux cet ampli-là, cet ampli-ci, cette colonne sonore-là.

De très mauvaises grâces, on me donne tout ça.

— On vous donne tout ça, mais c'est vous qui l'installez. On n'a personne pour l'installer.

Je tire un ou deux kilomètres de câble, j'appuie sur le bouton et Reggiani me dit :

— Merci monsieur, vous m'avez sauvé.

C'était quasiment la qualité qu'on avait entendue. La régie lumière au festival d'Angers était face à la scène, dans l'ancienne chapelle du château, au troisième étage, les trois quarts du temps on n'entendait rien du tout. Je dis :

— Moi, je ne fais pas ça comme ça.

Je m'installe dans la salle et à ce moment-là je me prends

de bec, mais vraiment violemment, avec une espèce de monsieur très maigre avec un mégot de deux ou trois centimètres de Gitane papier, qui était toute la journée collé du côté gauche de sa lèvre et qu'il allumait comme ça de temps en temps. Je lui dis :

— Si je ne suis pas dans la salle, je retourne avec mes magnétophones. Je suis toujours propriétaire de la bobine car personne ne m'a payé.

Le monsieur, de mauvaise grâce, finit par me dire :

— Bon, on va vous installer là.

Et je fais *l'Hamlet* comme ça, qu'on joue cent fois. Je ne parlais à personne, je ne parlais qu'avec Reggiani. À la fin Reggiani me dit :

— Monsieur, merci beaucoup.

Et puis il y a un gros monsieur qui vient :

— Je viens vous remercier pour ce que vous avez fait pour *Hamlet*.

Et j'ai appris plus tard que c'était Jean Marchat, le directeur du festival. Je rentre à Paris. Au mois de février d'après, le téléphone sonne, c'était Marchat.

— Monsieur Kiriloff, je suis Jean Marchat. Écoutez, j'aimerais beaucoup que vous voyiez ma codirectrice du Théâtre des Mathurins et qui est notre administratice du festival d'Angers parce que j'aimerais beaucoup, si vous en êtes d'accord, que vous assuriez toute la partie sonore du festival d'Angers de cette année au mois de juillet. Il y a un gros travail de son. Il faut que vous voyiez notre administratrice, c'est Madame Harry Baur.

J'avais entendu parler de Harry Baur pendant l'Occupation. Je rentre dans le bureau d'une dame au Théâtre des Mathurins.

— Bonjourrr, Monsieur.

Son accent turc est à couper au couteau.

— Bonjour, Madame.

Elle commence à me dire :

— Il parrraît qu'il faut que je vous engage pourrr le festival de cette année, mais vous savez je n'ai pas d'arrrgent.

— Ah, bon ?

— Non, non, non, je n'ai pas d'arrrrgent du tout à vous donner, je ne peux pas. Il faut que vous veniez comme ça ou pas du tout, je ne peux pas.

— Je ne sais pas Madame, Monsieur Marchat m'a téléphoné.

— Oui, Monsieur Marchat téléphone à tout le monde, vous comprenez, je n'ai pas d'arrrrgent.

— Bon, bien Madame, vous n'avez pas d'argent, et alors ?

— Vous le ferrriez quand même ?

— Oui, Monsieur Marchat m'a dit qu'il y avait un Musset, c'est très amusant, Monsieur Marchat m'a dit qu'il y avait un Shakespeare…

C'était en 54, j'avais vingt-deux ans.

— Bon alorrrrrs, je sais pas, faut que je fasse les comptes, on va trrrrrouver un petit quelque chose…

— Bon, ben, faites ce que vous voulez. Vous me voulez ou vous ne me voulez pas ? Moi, j'aime ça. Ça m'intéresse. Au revoir, Madame.

— Ah bon ! Vous partez comme ça, vous ne voulez pas discuter ?

— Je ne vais pas discuter, vous me dites que vous allez regarder si vous avez un peu d'argent, regardez et vous me téléphonez. Vous me direz, j'ai ça à vous donner, et puis on verra.

Elle m'a retéléphoné :

— Je peux vous donner trrrrrois mille francs. Mais c'est pour fabriquer la bobine.

— Oui, oui, bien sûr Madame.

— Et puis je peux vous donner cent vingt francs parrr jour pour vous payer votre hôtel et votre restaurrrant.

— Écoutez, Madame, on ne va pas s'emmerder à discuter comme ça, vous me donnez ce que vous voulez et on n'en parle plus.

Ça, c'est mon premier contrat. Un jour, elle me dit :

— J'ai rrrregardé mes comptes, je peux vous donnnnnerrrr un peu plus de trrrrrois mille frrrrrancs.

Ça a duré vingt-deux ans. Arrive une année, je discutais tous les ans mon contrat au mois de mars, elle me dit :

— Combien tu veux ?

On était devenu quand même très copain.

— Bon ben écoute Radifé, donne-moi…

On a toujours cru que Radifé était son prénom car elle signait Radifé Harry Baur. On a appris très très tard que Radifé était son nom de famille.

— Combien tu veux cette année ?

— Huit mille balles.

— Je peux pas te donner huit mille balles.

—Ah bon !

—Je peux te donner sept mille neuf cents.

—Tu te fous de ma gueule ou quoi ?

—Non, non, je peux pas, j'ai fait mes comptes, je peux te donner sept mille neuf cents frrrrrancs, je peux pas te donner huit mille.

— Mais qu'est-ce ça peut te foutre…

— Non, je ne peux pas…

Et ça dure deux heures… Et de temps en temps Marchat passait la tête.

— Où est-ce que vous en êtes ?

— Vous occupez pas de ça, je parle avec Kiki, je parle avec Kiki. Vous occupez pas de ça, ça ne vous regarde pas.

Ça a duré, sept mille neuf cents, huit mille, sept mille neuf cents, huit mille…

— Radifé, tu me fais chier ! Je fais pas ce festival, je le fais pas cette année, tu te démerderas avec n'importe qui, je m'en fous !

—Écoute alors, je vais fairrrrrrrrre un efforrrrt.

— Ah bon ?

— OUI, ooui, oui, tu vas signer à sept mille neuf cents.

— Non !

—Si, tu vas signer à sept mille neuf et je rajoute surrr le contrat, invitation à dîner. Je t'iiinvite à dîner.

—Tu m'emmerdes avec toutes ces conneries, donne-moi ce

contrat que je te le signe, qu'on en parle plus !

Et je signe à sept mille neuf cents francs, à l'époque c'était quand même une somme. Il y avait marqué *et invitation à dîner*. Sans plus. Nous voilà partis au festival. Le premier soir on s'installe, on commence à répéter un peu, on débroussaille les mises en place sur la scène du festival dans le château, on va dîner dans le bon restaurant d'Angers qui s'appelait le Vert-d'Eau, qui était *le* restaurant gastronomique extraordinaire. Puis, arrivé à l'addition, Marchat demande son addition, Roger demande son addition, et moi je demande mon addition, et tout d'un coup fait Radifé :

— Non, non, l'addition de Kiki, c'est pourrr moi !

Stupeur générale. Marchat me dit :

— Qu'est-ce qui se passe ?

—Je sais pas.

Roger me dit :

— Qu'est-ce qu'elle a dit ?

— Elle a dit, l'addition de Kiki est pour moi.

—Oui, oui, l'addition de Kiki est pourrr moi.

Et Marchat qui fait :

—Radifé, vous invitez Kiki à dîner ?

— C'est dans son contttrat.

Stupeur générale de toute la troupe et Roger me dit :

—Qu'est-ce que t'as fait à Radifé ?

—J'ai rien fait du tout, elle a mis dans mon contrat *invitation à dîner.*

Et puis, le lendemain, on arrive à l'épisode des additions et quand je demande la mienne, elle me dit :

—Ah ! non ! ah ! non ! l'addition de Kiki, c'est pourrrr moi.

Marchat se tourne vers elle :

— Vous le réinvitez à dîner ?

— C'est dans son contttrat !

Et elle m'a invité à dîner pendant tout le temps du festival.

Au festival d'Angers, on monte *Le Bourgeois*. Marchat demande à Seigner de jouer le Bourgeois dans une mise en scène de Meyer. Roger avait fait trois scènes superposées et entre chaque scène il y avait un gigantesque escalier en biais qui descendait, qui faisait cinquante ou soixante marches pour arriver à la scène, avec toute la musique qui accompagnait.

Seigner fait :

—Ah non ! Je ne descendrai pas cet escalier, il n'y a rien à faire. Débrouillez-vous, je ne descendrai pas cet escalier.

Le ton commence à monter entre Roger et le Doyen de la Comédie-Française. Ils s'insultent. Françoise, qui jouait Nicole, essaie de mettre de l'huile dans les rouages, moi aussi. Seigner gueule comme un âne. Roger finit par lui dire :

—Monsieur le Doyen, si vous n'avez pas envie de jouer le rôle, il y a notre ami Vacca qui est là, qui l'a déjà joué et qui le jouera aussi bien que vous.

Et là-dessus on s'arrête. On ne répète pas le soir, il refuse de répéter le soir. Je parle avec Françoise, je lui dis :

— Écoute, parle à ton père, il t'écoutera…

—Non, vas-y toi.

Je vais dans sa chambre à l'hôtel.

— Monsieur le Doyen, arrêtez. Roger vous fait une entrée fastueuse, vous êtes dans la grande robe de chambre, vous avez quatre laquais porteurs de torches, une poursuite qui vous éclaire. Il n'y a pas plus entrée de star, on ne peut pas mieux faire. C'est Cécile Sorel aux Folies bergères descendant l'escalier. Et vous n'allez pas refuser ça.

— Je vais voir, je vais voir comment est Roger demain.

Françoise dit à Roger :

— Va voir Monsieur le Doyen, dis-lui que ce n'est rien. Ce sont des engueulades de théâtre. Fais-lui la bise, il va être content.

Roger se plie, Françoise et moi faisons l'article. On répète, il accepte de descendre l'escalier, on répète le soir. Seigner descend l'escalier, il y avait la poursuite, quatre porteurs de torches qui l'éclairaient dans sa robe de chambre. Il descend et dit :

— Vous m'avez fait cette petite drôlerie de musique et de danse.

Il s'arrête et il dit à Roger :

— C'est pas mal, ah ! c'est pas mal, et bien écoute Roger, tu avais raison.

Bon et l'incident est clos. On va rejouer au mois d'août *Le Bourgeois* avec toujours le Doyen Seigner, à Saintes. Saintes c'est un théâtre gallo-romain. C'est un théâtre en demi-cercle qui donne sur deux énormes rochers qui ont au moins cinquante mètres de haut, qui descendent en V avec une trouée au milieu où on voit la cathédrale de Saintes au fond. On arrive là, on commence à faire la mise en place et tout d'un coup il y a Seigner qui dit :

— Bien, où est mon escalier pour entrer ?

— Mais enfin Monsieur le Doyen, qu'est-ce que vous dites là ?

— Roger, je te demande où est mon escalier pour faire mon entrée ? Il me faut mon escalier.

— Vous vous rendez compte, c'est du rocher, comment j'vais faire ?

— Ça ne me regarde pas ! Tu m'as fait une mise en scène où je rentrais avec des porteurs de torches. Je ne joue pas si je n'ai pas d'escalier. Panique à bord.

— Mais comment je vais faire tenir cet escalier sur les rochers ?

— Ça ne me regarde pas… Moi, si je n'ai pas mon escalier, je ne joue pas.

Il lui refait à l'envers le sketch qu'il avait fait à Angers. Et Françoise de dire :

— Vous avez intérêt à lui faire un escalier parce que je connais père et il ne jouera pas.

Roger a bricolé un gigantesque escalier. On avait fait venir un charpentier de Saintes et on a fait ce gigantesque escalier de cinquante marches et au moins trois mètres de large pour l'entrée de Seigner en quarante-huit heures, y compris la nuit. Alors, il est arrivé le lendemain :

— Ah bien, j'ai mon escalier, je veux bien jouer.

Et je dis à Seigner :

— Monsieur le Doyen, c'est de la vengeance, c'est un plat qui se mange froid.

— Ah bien, il n'avait qu'à ne pas avoir l'idée de l'escalier à Angers.

La Condition humaine avec Malraux.

Malraux était très introverti, il ne parlait presque pas. Un jour, je lui dis :

— André, qu'est-ce que vous en pensez de tout ça ?

On était à trois jours de passer *La Condition humaine*.

— Oh, je ne suis pas emballé, il y a une seule chose qui me plaît dans le spectacle…

— Ah oui ?

— C'est votre bande sonore. La locomotive qui siffle, les mitraillettes, les explosions.

Entre les tableaux il y avait un récitant, c'est Fresnay qui m'avait enregistré les textes du récitant. Malraux me dit :

— Vous m'avez fait une bande sonore de cinéma, une bande sonore de film.

Un jour il m'a fait :

— Je n'aime pas le théâtre.

Je lui demande :

— André, pourquoi avez-vous fait *L'Espoir* ? C'est un film qui est un chef-d'œuvre, vous développiez ça dans une baignoire, vous ne saviez pas si la bobine allait être pétée ou pas pétée et miraculeusement ça s'est bien passé. Pourquoi n'avez-vous pas filmé *La Condition humaine* ?

— Non, non, c'est infaisable au cinéma. C'est absolument infaisable au cinéma. Il faut que ça reste un roman.

Après, je l'ai revu quand il était ministre. Un jour, je faisais un spectacle à la Comédie-Française, il y a Malraux qui arrive. Je me tourne vers lui :

— Oh ! M'sieur l'ministre, vous au théâtre !

Il me fait :

— Écoutez Fred, c'est une représentation officielle.

Tu lis un texte et tout d'un coup ça ne te plaît pas. Tu ne sens rien, il ne se passe rien du tout, tu ne réagis pas, tu rames, t'as l'impression que le truc fait trois mille pages alors que tu es à la page douze et puis tu dis :

Non, je ne sens pas ça du tout.

J'étais incapable de faire quoi que ce soit sur un truc qui ne me plaisait pas. Je me suis heurté à des directeurs de théâtre.

— Tu ne vas pas nous faire ça, tu ne vas pas nous laisser tomber !

— Oui, mais j'ai essayé et ça vient pas, ça ne vient pas.

Tu n'as aucune idée, tu ne trouves rien, tu parles avec le metteur en scène, tu ne comprends pas ce qu'il dit.

— Non, j'le sens pas, je n'ai pas envie.

Roger a refusé des pièces qui ne lui plaisaient pas du tout, il n'avait pas envie de faire le décor :

— Je ne le vois pas du tout. Oh ! je ne sens pas le décor.

Qu'il me fait !

— Comment trouves-tu la pièce ?

— Oh, pas très bien.

Et puis, il ne la faisait pas et c'était fini. Tu sens ou tu ne sens pas. Tu trouves un prétexte, t'as déjà deux autres pièces, tu n'as pas le temps de faire celle-là. Ah si, il y a eu une pièce, j'ai lu la pièce. Je n'aimais pas ça du tout. On a fait une lecture, j'ai parlé avec le metteur en scène, je lui ai dit :

— Je ne suis pas à l'aise.

Je suis allé voir Radifé.

— Tu sais, je ne fais pas la pièce.

— Quoi ? Tu fais pas la pièce ! Tu vas pas me laisser tomber !

— Non, trouve quelqu'un d'autre, je ne la sens pas du tout.

Et je ne l'ai pas faite. Elle n'a pas eu de succès.

Perdre de l'argent n'a jamais été un facteur déterminant, jamais. Nous n'avons jamais pensé au fric. On faisait une pièce, elle marchait ou elle ne marchait pas bien, ce n'était pas grave. Quand on avait une pièce qui marchait bien, on essayait de gérer l'argent qu'on gagnait. On n'a jamais eu de solution de continuité. Des fois, je faisais cinq, six pièces par an, sur les six pièces y en avait bien une ou deux qui marchaient. À l'époque, il n'y avait pas le système d'intermittent du spectacle. On montait les pièces, on n'avait pas besoin de fric pour monter une pièce. Maintenant, pour monter une pièce, t'as besoin de fric, parce qu'il faut payer le théâtre, faut payer les assurances, il faut payer toutes les charges. Maintenant, c'est des productions, ce n'est plus des directions de théâtre, il n'y a plus de direction de théâtre, ce sont des producteurs, les directeurs louent les théâtres.

Maintenant, faire une réalisation sonore, c'est même plus la peine de la faire. Ce sont des machines qui font ça. J'avais rencontré un jeune technicien qui me disait :

— Qu'est-ce que tu t'emmerdes à aller enregistrer des chants d'oiseaux ! Maintenant, t'as des machines électroniques qui chantent mieux qu'un oiseau !

Il n'y a plus de montage comme ceux que j'ai faits, on monte plus les pièces de cette façon-là.

Avant que vous ne lisiez ce qui va suivre (si vous en avez encore le courage !), je voudrais faire quelques remarques liminaires que je juge nécessaires.

L'on m'a forcé à paraître sur le théâtre en public, *à l'insu de mon plein gré*. Jeune technicien de la *Radiodiffusion française*, voulant faire de la mise en ondes, j'ai été pseudoauditeur du cours d'art dramatique de Maurice Escande. Le Maître m'a demandé de présenter ma candidature au concours d'entrée du Conservatoire d'art dramatique, ce que je n'ai pas fait, arguant avec force que je ne voulais pas être comédien. Ayant commencé en 1950 ma carrière dans le théâtre, disons comme décorateur sonore, il était plus que facile pour moi de dire aux nombreux metteurs en scène avec lesquels j'ai collaboré :

— Il y a dans la pièce que nous sommes en train de répéter, tel ou tel petit personnage que j'aimerais jouer !

Pendant les quarante-cinq ans où j'ai exercé *ma coupable industrie sonore*, comme disait Roger en riant, je ne l'ai jamais fait. Je n'ai jamais ressenti ni le désir ni la nécessité de me produire en public, sur la scène d'un théâtre. Alors comment se fait-il que tout à coup, encore une fois apparemment *à l'insu de mon plein gré*, j'ai paru devant le public sur la scène d'un théâtre ?

Un beau matin après Jésus-Christ, le téléphone sonne, je décroche.

— Salut, c'est Francis Perrin.

— Salut, Francis, qu'est-ce qui t'amène ?

— Je monte *un one-man-show* à la Comédie des Champs-Élysées, *J'suis bien !*

— Tant mieux, je suis heureux pour toi que tu sois bien.

— Mais non, je suis pas bien du tout. J'ai déjà une trouille terrible et la générale est dans deux mois. *J'suis bien !*, c'est le titre de mon show. Il y a plein de musiques et de sons pour toi. Il faut qu'on s'attelle tout de suite à cette bande sonore. Passe chez moi chercher un texte, tu le lis vite et on parle de tout ça.

— Merci. Ravi de retravailler avec toi.

— À propos, j'ai oublié, que met-on, pour toi, sur l'affiche du spectacle ?

— Comme d'habitude : Réalisation sonore de Fred Kiriloff.

— Parfait, je m'en occupe. On se rappelle, salut !

— Salut !

Et nous nous mettons au travail, la cuisine ordinaire.

— À la fin de ce sketch, je veux une rafale de mitrailleuse, entre ces deux autres sketches, je veux une musique d'enchaînement de quinze secondes. Après l'entracte, il y aura une musique pour attaquer la seconde partie du spectacle, etc.

Nous travaillions sur le show depuis une quinzaine de jours

quand le téléphone sonne.

— Salut, c'est Francis, toujours Perrin.

— Salut, quèsk'y a ?

— J'ai eu une idée, il faut que je t'en parle, viens déjeuner demain.

— C'est quoi ton idée, tu ne peux pas me le dire au téléphone ?

— Non, viens déjeuner demain. Je t'embrasse, salut.

Clac ! Il a déjà raccroché. Qu'est-ce qu'il a encore bien pu inventer ? Il joue ce show tout seul. Il en fait aussi la mise en scène. Il doit y avoir un nouveau sketch où j'ai du son à faire, c'est sûrement ça. Le lendemain, chez lui, en plein déjeuner, j'entends ses propos pour le moins ahurissants.

— Écoute, voilà, mon show dure deux heures. Je suis tout seul en scène pendant ces deux heures, ça va être très fatigant.

— Effectivement, c'est athlétique. Mais je te connais, tu peux le faire.

— Non, c'est trop risqué. Il me faut absolument des temps de repos. J'en ai parlé avec Gérard Lamballe, c'est l'auteur des sketches, et nous avons décidé d'introduire dans le spectacle un comparse, un partenaire, qui jouera avec moi.

Je comprends tout : il m'a invité à déjeuner chez lui pour que nous fassions un tour d'horizon des acteurs susceptibles de lui donner la réplique en scène. J'avance des noms :

— Je crois qu'un tel serait très drôle à côté de toi ou bien tel autre, ou encore ce troisième si les deux autres étaient pris par d'autres engagements.

— Non, ce n'est pas mon idée. Je sais qui va jouer à côté de moi.

— Si tu le sais, pourquoi m'as-tu fait venir chez toi pour en parler ? Alors, raconte, sur quel comédien as-tu fixé ton choix ?

— Toi.

— Pardon ? Qu'est-ce que tu dis ?

— Toi. Je dis, toi. Tu vas jouer avec moi dans *J'suis bien !*

— Tu plaisantes ? C'est une blague !

— Non, je ne plaisante pas. C'est très sérieux. Il y a plein de personnages à interpréter dans le show et tous ces personnages, tu vas les jouer avec moi.

— Mais tu délires, je n'ai jamais joué la comédie !

Là, je mentais légèrement, *because* je venais d'être pris d'une trouille indescriptible, j'avais *les boules* et l'appétit coupé.

— C'est de la folie, tu es inconscient ou quoi ?

Francis était impavide et moi j'avais la tête à l'envers. Je me débattais comme je pouvais, balbutiant n'importe quoi pour m'échapper de ce traquenard. Laurence, la femme de Francis, voyant ma tronche et devinant ma panique, riait doucement, le nez dans son assiette. La partie de bras de fer était engagée.

— Tu joueras avec moi.

— Non, je ne jouerai pas.

— Si, tu joueras.

— Non.

— Si.

— Non.

— Si.

Nous finîmes par entrer en répétitions. Francis avait souhaité que j'assure moi-même le fonctionnement des magnétophones pendant le spectacle. Je serais donc présent au théâtre tous les soirs pour m'obliger à jouer. C'était son arme secrète. Tout en répétant, Francis me disait :

— Dans ce sketch, tu entres en scène, habillé en facteur avec un paquet à la main, tu regardes la salle et tu dis *M'sieurs, Dames*. Ensuite tu me regardes et tu me dis *un paquet*. Et tu restes sur la scène pendant tout le sketch et, à la fin, je tire un coup de revolver sur toi et tu tombes par terre. À ce moment il y aura un noir, pendant ce noir tu sors de scène et tu te précipites sur ton magnéto. Tu auras le temps pendant les applaudissements pour faire tout ça, et à la fin des applaudissements tu envoies la musique du début du sketch suivant.

Je le regardais avec un œil rond. Alors il piquait une colère en me disant :

— Mais note ça sur ta brochure, bon Dieu, je ne vais pas te

le répéter sans arrêt.

J'étais terrifié. *Laisse aller, tout ça va se calmer, il finira par comprendre que je ne sais pas jouer la comédie et il prendra un vrai comédien*, me disais-je.

Les jours avançaient et Francis ne désarmait pas. En répétant une autre partie du *show*, il me disait :

— Dans ce sketch, tu entres en scène, habillé en breton et tu manges une crêpe et tu fais ça, et ça, et ça et tu me dis ça, et ça, et ça, et je te réponds ceci et cela.

Patience, tout ça va s'arranger, j'étais toujours dubitatif.

C'était loin de s'arranger. Au fil des répétitions, un nouveau petit personnage surgissait dans un sketch et la saga continuait. Mon pauvre Roger n'était pas du tout content de la tournure que prenaient ces évènements, mais il admirait tant Perrin qu'il n'osait rien lui dire. Comme Francis n'est pas du genre : *je jette l'éponge*, je finis par me laisser faire. *À Dieu vat,* me disais-je, c'est lui qui l'aura voulu. Le point de non-retour était franchi. Comment s'est déroulée cette première représentation ? Je suis incapable d'en faire la relation. J'avais la sensation d'être en état d'hypnose, un automate inconscient et mécanique. Il me semble bien, pourtant, que tout le théâtre m'a entouré, dorloté, avec l'infinie sollicitude que l'on prodigue à un malade en état de choc. À travers le brouillard de mon inexpérience et l'inconscience de ma situation, je crois avoir entendu des rires, des rires que j'aurais déclenchés totalement involontairement d'ailleurs, du moins le croyais-je dur comme fer.

Pourquoi les fais-je rire et que fais-je donc pour ça ?

Le temps qui est passé me fait comprendre maintenant le formidable travail de Francis. Il s'était juré que je serais bien et il n'a pas ménagé sa peine pour atteindre son but. Merci, merci, Francis. Roger n'a pas voulu assister à la première représentation, il est venu voir le spectacle une dizaine de jours après. Il a eu mille fois plus peur pour moi que moi-même.

À la fin de cette première, toujours en état de semi-inconscience, après avoir dit mille mercis à mille complimenteurs plus ou moins sincères, je m'enferme dans ma loge pour être seul, au calme, et tenter de redescendre sur terre. Je me démaquille, du gras plein la figure, quand on frappe à ma porte !

— Qui est-ce ?

— Philippe Rondest, je te dérange ?

— Bien sûr que non. Entre.

Philippe est le neveu de Jacques Charon. Philippe est quasiment la réplique physique et vocale de Charon à vingt ans, mimétisme inconscient ? Atavisme ? Hérédité ? Je connais Philippe depuis sa naissance. J'ai dû lui donner une fois le biberon dans son berceau. Philippe est un fan de son oncle. Jacques a été pour son neveu un modèle et une idole. C'est sûrement l'oncle qui a inoculé le virus du théâtre à son neveu. Philippe est comédien, Philippe est metteur en scène. Jacques Charon était comédien et metteur en scène. Question à dix francs : ceci expliquerait-il cela ? Réponds qui peut ! J'ai suivi depuis le début la carrière de Philippe, dès avant son entrée au Conservatoire. J'ai vu l'apprenti comédien devenir un vrai professionnel. J'ai apprécié l'habileté de sa première mise en scène et la maîtrise des suivantes. Philippe est direct, d'une franchise désarmante, d'une droiture exemplaire, d'une loyauté à toute épreuve. C'est un amoureux de toutes les formes de théâtre. Il en parle avec science et passion. On l'écoute avidement, sans retenue. Contrairement à son oncle Jacques qui avait des a priori, le jugement de Philippe, bon ou mauvais, est toujours sincère. Je n'ai jamais entendu Philippe se tromper quand il parle de théâtre, et surtout d'art lyrique, son véritable univers. Ce à quoi il aspire de toute son ardeur, c'est de devenir un metteur en scène d'opéra. Son véritable oxygène, sa respiration naturelle, c'est l'art lyrique, la musique, le chant, les chœurs, les chanteurs, les chanteuses.

Philippe entre dans ma loge, je vois dans la glace sa bouille hilare, dans un éclair, je revois Jacques à son âge… Ça m'impressionne.

— Mais je ne savais pas… Mais comment n'y a-t-on pas pensé plus tôt ! C'est une merveilleuse idée de Francis.

Manifestement, il me parle du spectacle. Je cherche dans ma

tête, mais je ne vois pas où est *la merveilleuse idée de Francis*.

— C'est une merveilleuse idée qu'il a eue de te faire jouer avec lui.

Aïe ! Ça y est ! J'étais à mille lieues de me douter qu'il parlait de moi.

— J'ai été éberlué de te voir entrer en scène. Dieu, que tu m'as fait rire, que tes apparitions sont cocasses et tu sais, tu n'as pas fait rire que moi, toute la salle a ri aussi.

Tout à coup, son visage se fait grave, sa jovialité cède au sérieux.

— Alors voilà, je t'ai bien regardé, tu es drôle, tu es insolite. Quand tu apparais sur scène, on te regarde. Tu as une vraie personnalité, tu as une vraie présence. Francis ne s'y est pas trompé. En te faisant jouer avec lui, il savait parfaitement où il allait. Il a camouflé ton inexpérience pour faire croire à des qualités. C'est ça, l'art du metteur en scène et du directeur d'acteurs. En un mot, tu es plein de qualités et tu ne sais rien faire. Alors voilà, j'ai une proposition. Si tu es d'accord, je te fais travailler, mais, attention, ce sera long, ardu, pénible, difficile. Il te faudra beaucoup de ténacité, de patience, de courage. Es-tu d'accord ?

Sans hésiter une seconde, j'ai répondu :

— Demain matin.

— À demain matin.

Philippe est sorti et je me suis retrouvé seul, face à moi-même, devant mon miroir à maquillage. Dans quelle aventure nouvelle allais-je me lancer ? Pourquoi Philippe, homme jeune qui a peu de temps, qui joue, qui met en scène, pourquoi, tout de go, m'a-t-il fait cette insolite proposition ? Pourquoi veut-il se mettre ce fardeau sur les épaules ? Pour quelles mystérieuses raisons me tombe-t-il du ciel, un professeur pour moi tout seul ? Je me posais toutes ces questions, qui ne trouvaient, bien sûr, aucune réponse logique. Et puis tout à coup, lassé de me torturer la cervelle, je me suis dit comme pour Francis, *à Dieu vat ! On verra bien*. Et de ce jour, quatre fois par semaine, je suis allé chez Philippe Rondest, apprendre, apprendre, apprendre et travailler, travailler, travailler.

Au cours Maurice Escande, trente ans auparavant, je n'avais que, brièvement et du bout des lèvres, effleuré le travail de l'acteur. À l'époque, je n'étais pas vraiment concerné. Avec Philippe Rondest, je m'étais piqué au jeu, je m'abandonnais à son enseignement totalement, avec passion. Philippe de son côté paraissait ravi. Je travaillais, paraît-il, très vite et très bien. Connaissant sa franchise, s'il n'avait pas été satisfait des progrès de son jeune élève, il n'aurait pas mâché ses mots et m'aurait gentiment mais carrément viré. Le temps égrenant son sablier, jour après jour, je pris petit à petit conscience que j'avais trois professeurs : le matin, chez Rondest, je travaillais des fables de La Fontaine, des morceaux de tragédies, Racine, Corneille, des personnages de Molière, de Labiche… Philippe m'enseignait les bases techniques du métier d'acteur, la pose de la voix, la respiration, la diction, l'importance d'un mot dans une phrase, d'une phrase dans une scène, d'une scène dans un acte. Le soir, au théâtre, je me livrais à mon second professeur, Francis. Lui aussi s'était pris au jeu de me former avec le même acharnement que Philippe Rondest, il ne laissait rien passer.

— Et pourquoi, tu ne m'as pas bien fait ce sketch, ce soir ? Le public n'a pas ri comme d'habitude, c'est de ta faute ! Tu n'étais pas sur le coup, tu n'étais pas concentré, c'est inadmissible ! (ou alors) ce soir, tu étais super ! Je suis très content, si demain tu ne joues pas comme ce soir, gare à toi…

Mon troisième professeur, le plus invraisemblable, le moins imaginable, mon chien, mon berger allemand : Victor. Un berger allemand, c'est un gros chien, un gros chien qui tous les jours a besoin d'air et d'exercices physiques. Un gros chien qui a besoin de courir, de sauter, de se dépenser, qui a besoin d'espace, exactement le contraire de ce qui se trouve dans un théâtre. Alors, tous les jours pendant deux heures, j'allais au Bois de Boulogne promener mon chien et, pendant ces deux heures, je travaillais des fables, des tirades, des scènes indiquées par Philippe Rondest. Comme Flaubert dans son gueuloir, je déclamais *L'Étourdi* de Molière à voix haute pour ne pas dire à haute voix. En plein Bois de Boulogne, un énergumène qui hurle des vers, flanqué d'un mastodonte à quatre pattes, c'est quand même peu courant… L'hiver encore, ça passe, il n'y a personne, mais au printemps, avec les beaux jours revenus, quand le bois est plein de monde ? Je n'en dis pas plus ! Je vous laisse imaginer la trombine des promeneurs. Philippe m'a fait travailler à ce rythme pendant près de deux années et puis un jour :

— Voilà, je n'ai plus rien à t'enseigner. Tout ce que je devais t'apprendre, je te l'ai appris, tu as tout assimilé très bien et très vite. Tu ne peux plus travailler en solitaire, il te faut aller dans un cours d'art dramatique, travailler en collectivité.

Pour aller travailler dans un cours, je n'avais que l'embarras du choix. Je n'avais qu'à frapper à n'importe quelle porte de n'importe quel cours, je savais qu'on m'y accueillerait à bras ouverts. Le destin est plus retors.

Jean-Laurent Cochet, chef de troupe, acteur, metteur en scène de renom, Inspecteur et Directeur des classes d'art dramatique des Conservatoires d'arrondissements de la Ville de Paris et de surcroît, également professeur renommé, vient chez moi me porter le texte d'une pièce d'André Obey *La Fenêtre*. Pièce posthume inédite que Cochet met en scène au Théâtre des Arts-Hébertot et dans laquelle la bande sonore joue un rôle de premier plan. Cochet souhaite que je me charge de ce travail. Nous bavardons de la pièce et de théâtre à bâtons rompus. Cochet, à brûle-pourpoint :

— Il paraît que tu joues la comédie avec Francis Perrin et que tout ça se passe très bien. Es-tu content ?

— Ravi.

Je dis ça pour être bien élevé, mais, au tréfonds de moi-même, je ne l'étais pas vraiment.

— Sais-tu une ou deux fables de La Fontaine ?

— Je sais *Le Coche et la Mouche* et *Les Animaux malades de la peste*.

— Peux-tu me dire *Les Animaux malades de la peste* ?

— Si tu veux.

Debout dans mon salon face à Cochet bien calé dans un fauteuil, l'œil perçant, l'oreille aux aguets, je lui dis *Les Animaux malades*, en entier.

— Merci. Veux-tu me dire *Le Coche et la Mouche*, s'il te plaît ?

Je m'exécute, priant Dieu de ne pas exécuter et La Fontaine et ses fables.

— Merci.

Toujours debout, planté devant Cochet, j'attends. Au fait, j'attends quoi, au juste ? Cochet, toujours calé dans son fauteuil, me dévisage, me scrute. Je me demande pourquoi son regard me dissèque avec cette acuité. Il me connaît depuis longtemps, nous avons beaucoup travaillé ensemble.

— Bon. Mais tout ça n'est pas mal du tout ! Veux-tu venir travailler à mes cours ?

Je suis cloué sur place, moi, élève de Cochet, ça frise l'invraisemblable. Je sais très bien, et depuis fort longtemps, qu'il est plus facile d'entrer au Conservatoire que d'être admis au cours Cochet. J'accepte et je remercie. Cochet acquiesce, une manière de sourire s'esquisse sur son visage perpétuellement impénétrable. Je serai donc, sans avoir rien fait pour cela, élève de Jean-Laurent Cochet. C'est à n'y pas croire.

À peine Rondest a-t-il terminé le début de ma formation que Cochet, sans en savoir rien, se propose de la continuer.

Jean Laurent Cochet a deux cours : d'une part, son cours privé, et d'autre part, son second cours, qu'il appelle *La classe supérieure*. La classe supérieure est composée d'élèves comédiens des classes d'Art dramatique des Conservatoires d'arrondissements de la ville de Paris, ayant obtenu une récompense décernée par un jury d'acteurs professionnels à la fin d'une année scolaire. Ce système d'enseignement est calqué sur le schéma pédagogique du Conservatoire National d'Art dramatique, ancienne manière, je veux dire d'avant mai 1968. Cochet est lauréat du Conservatoire, il a obtenu deux premiers prix de comédie.

Les professeurs des Conservatoires d'arrondissement sont tous des acteurs, lauréats du Conservatoire National d'Art dramatique. Outre son cours privé, Cochet est le professeur d'une vingtaine d'élèves, garçons et filles, qui constituent l'effectif de la Classe supérieure. J'ai brossé à grands traits ce petit tableau pour situer Cochet, homme protée du théâtre, dans son contexte d'éducateur. Et comme avec Rondest, j'ai travaillé opiniâtrement chez Cochet, tous les jours à ses deux cours, pendant une année. J'y ai beaucoup appris. Parallèlement à tout ce temps consacré à l'étude, on m'a fait jouer la comédie presque sans interruption. Pourquoi m'a-t-on demandé de jouer ? Pourquoi m'a-t-on forcé la main ? Pourquoi me suis-je laissé faire ? Je crois qu'il n'y a pas de réponse et que c'est un des mystères du théâtre. Je coiffais donc deux casquettes ou, plutôt, *ON* me faisait coiffer une seconde casquette. Je faisais toujours mes réalisations sonores et, parallèlement, on me faisait faire l'acteur. Au lieu d'un trac, j'en ai deux. Il vaut mieux avoir deux tracs que pas du tout. Enfin, c'est mon avis. Roger observait mes débuts dans la comédie d'un œil rond, dubitatif, de prime abord agacé, mais ravi dans le même temps, mélange étrange de sensations antagonistes à l'image même de sa personnalité. Chaque fois que j'ai joué, avant qu'il n'aille rejoindre *Le Grand théâtre du Ciel*, il n'a cessé de me guider, de me conseiller, de m'encourager, de me critiquer, avec la compétence et la lucidité du grand homme de théâtre qu'il était. Et, dans les quelques apparitions que j'ai pu faire au théâtre, je ne suis jamais entré en scène sans lui adresser une petite prière pour lui demander sa protection. Voilà ! C'est tout ! L'aventure se termine là.

Au Théâtre ce soir.

Pierre Sabbagh est un passionné de théâtre depuis sa prime enfance. Cette passion l'amènera à l'École de théâtre de Charles Dullin. Mais le destin en a décidé autrement. Pierre Sabbagh ne sera pas comédien, il sera acteur, au sens d'initier et de réaliser des actions. Il ne sera pas metteur en scène, il sera metteur en images dès la naissance de la télévision. Durant quinze années, devant et derrière les caméras, il va faire son apprentissage. De la télévision, il va maîtriser tous les rouages, pénétrer tous les arcanes. Pionnier, inventeur du *Journal télévisé*, initiateur et acteur de célèbres reportages en direct, il va devenir homme protée du petit écran, le magicien des *étranges lucarnes*. Malgré tout, sa passion du théâtre, implacable et sournoise, ne s'est pas émoussée pour autant.

L'élève de Charles Dullin rêve plus que jamais de marier la télévision avec le théâtre, le théâtre avec la télévision, mais comment faire ? Par quel biais et par quelle mystérieuse alchimie ? Et puis, un beau matin de la fin du printemps 1966, *dring* ! Le téléphone sonne. Au bout du fil, le Directeur de la *Première Chaîne*. À cette époque, il n'y en a pas d'autres ! Claude Contamine, le Directeur, cherche pour les deux mois d'été, juillet et août, quelque chose pour boucler son programme estival, quelque chose de distrayant, si possible de culturel, voire d'éducatif. Quelque chose capable de réunir devant le petit écran le plus grand nombre possible de téléspectateurs, mais surtout, quelque chose qui ne s'est encore jamais fait à la télévision, et ajoute le Directeur :

— Le temps presse !

À l'autre bout du fil, Sabbagh écoute, et, comme à son habitude, il demeure silencieux, impénétrable. Le destin vient d'entrouvrir sa porte ! On convient d'un rendez-vous dans le bureau directorial de Claude Contamine. Si le Directeur veut quelque chose qui n'a jamais encore été fait à la télévision, Sabbagh, lui, va le faire. Il parle.

Pendant les huit semaines de ces deux mois d'été 1966, à un soir de grande écoute, Sabbahg va diffuser sur l'antenne une pièce de théâtre enregistrée dans un vrai théâtre, dans lequel un vrai public va rire et applaudir à son gré. Une pièce de théâtre qui sera jouée par de vrais comédiens dans les conditions exactes d'une représentation théâtrale traditionnelle.

Argument massue :

— Ce ne sera pas cher et relativement rapide.

Sabbagh est redevenu silencieux. Claude Contamine est tellement surpris, qu'il accepte.

Et Sabbagh, impassible, quitte le bureau du Directeur de la *Première chaîne* de la Télévision française.

Ce que Claude Contamine un peu éberlué ne sait pas, c'est que le feu vert qu'il vient de donner à l'intrépide Sabbagh pour cette série de huit pièces de théâtre diffusées chaque semaine pendant ces deux mois d'été va durer dix-sept années !

Le rêve de l'élève de Charles Dullin va enfin se réaliser.

Pour mettre sur pied son «*rêve-projet*», Sabbagh, qui sait toujours ce qu'il veut exactement, a tout d'abord besoin d'un théâtre, un théâtre de huit cents à neuf cents places. Il le souhaite rouge, blanc et or, les couleurs symboliques du théâtre. Dans la salle il pourra, sans gêner le public, installer quatre caméras de prise de vue, grosses et encombrantes à l'époque.

Il a également besoin d'une grande scène parfaitement bien équipée techniquement pour pouvoir y installer de grands décors et les encombrants projecteurs de lumière, indispensables à l'éclairage que demandent à cette époque les caméras de télévision et surtout, à l'extérieur de ce théâtre, des emplacements pour y loger les gros camions de la régie, l'énorme magnétoscope qui doit enregistrer les images et les sons. Il faut aussi parquer les camions de matériel électrique.

Voilà les données, les impératifs techniques dont Sabbagh a besoin pour réaliser son projet.

Mais où trouver à Paris le théâtre idéal qui réunit à lui seul toutes ces impératives conditions ?

Et c'est alors qu'il se souvient : il a accueilli dans sa célèbre émission *L'Homme du XXe siècle*, un candidat insolite, un comédien, sociétaire de la Comédie-Française, qui se nomme Robert Manuel et qui a honorablement affronté pendant quelques semaines le feu roulant de ses questions.

Voilà son homme ! L'homme qui tombe à pic auquel il va pouvoir exposer son problème.

La réponse de Robert Manuel ne se fait pas attendre :

— J'ai exactement le théâtre qu'il vous faut. Il n'y en a qu'un à Paris, c'est le Théâtre Marigny. Il répond à tous vos désirs, il est situé au cœur des jardins des Champs-Élysées, entre le Rond-Point et la place de la Concorde. À l'extérieur, vous aurez la place nécessaire pour garer vos camions. Je vous emmène voir sa directrice, Madame Elvire Popesco, elle aime les folies et votre projet insensé va, j'en suis certain, la séduire.

Ce qu'ignore pour le moment Sabbagh, c'est que Robert Manuel est le conseiller artistique du Théâtre Marigny.

La rencontre a lieu, le projet amuse la directrice, mais sous la réserve formelle que Sabbagh et sa télévision ne viendront pas perturber la bonne marche du théâtre qui tous les soirs joue son propre spectacle. Sabbagh, sous le charme de la grande comédienne, promet tout, accepte tout, dit oui à tout. Et il tiendra parole. Il a un théâtre ! Et voilà pour moitié son problème résolu. Maintenant, il faut trouver les huit pièces de théâtre à enregistrer, il faut trouver les comédiens qui voudront bien les jouer, il faut trouver les metteurs en scène, concevoir les décors, confectionner les costumes…

Car si Sabbagh connaît à la perfection le monde de la télévision, il ignore à peu près tout de l'univers du théâtre.

Alors, va apparaître aussi soudainement que le lapin sort du chapeau du prestidigitateur, un des personnages les plus importants d'un théâtre, un personnage à la fonction ingrate, essentielle et obscure. Ce personnage a en charge toutes les questions pécuniaires et matérielles, et il est extrêmement difficile, pour ne pas dire impossible, de lui arracher quelques maravédis ! Cet homme, c'est l'Administrateur du théâtre. Et comme chaque théâtre qui se respecte a son administrateur, au Théâtre Marigny, il a pour nom : Jean-Jacques Bricaire.

Si Pierre Sabbagh a été l'élève de Charles Dullin, Jean-Jacques Bricaire a été l'élève du célébrissime cours d'Art dramatique de René Simon, mais la vie l'a fait s'orienter vers l'Administration théâtrale. Il devient l'Administrateur de Madame Popesco quand elle est directrice du Théâtre de Paris. Il la suit quand elle prend la direction du Théâtre Marigny dont il deviendra le directeur après la mort de la grande comédienne.

Si Sabbagh connaît toutes les ficelles de la télévision comme sa poche, il va découvrir que Jean-Jacques Bricaire connaît la cuisine théâtrale sur le bout des doigts et qu'il est quasiment impossible de le piéger dans ses fonctions.

Si Sabbagh sait gérer les rapports *Télévision-Théâtre Marigny*, de son côté, Jean-Jacques Bricaire comprendra tout aussitôt comment gérer les rapports *Théâtre-Marigny-Télévision*.

Mais ce que Sabbagh va découvrir avec émerveillement, c'est qu'en dehors de ses fonctions d'Administrateur, Jean-Jacques Bricaire est un auteur dramatique à succès dont les pièces de théâtre, une bonne dizaine, écrites en collaboration avec son complice Lasaygues, sont jouées tant à Paris qu'en province et jusqu'à l'étranger avec un succès qui ne s'est jamais démenti. Un talent d'écrivain doublé d'une gigantesque et encyclopédique culture théâtrale, que peut demander de plus Pierre Sabbagh ? Ce tandem à double complémentarité, qui se met en place pour huit émissions, va perdurer le plus naturellement du monde dix-sept années consécutives. Dès ce moment, Sabbagh et Bricaire organisent le plus cordialement du monde leur travail. Ils choisiront ensemble les pièces à enregistrer. Sabbagh prendra en charge tout ce qui concerne la télévision : technique, personnel, planning… et bien entendu, c'est lui qui sera au pupitre technique et qui réalisera les prises de vues ! De son côté, Jean-Jacques Bricaire, codirecteur artistique de l'émission, choisira : les metteurs en scène, les comédiens, les décorateurs, les costumiers… Conservant ses fonctions d'Administrateur, il s'occupera des rapports avec la Société des auteurs, négociera les autorisations d'enregistrement des pièces, discutera les contrats d'engagement des acteurs…

Sabbagh, toujours inventif, va baptiser son émission :

Au théâtre ce soir.

Et sans qu'il le sache encore, cet intitulé va devenir l'un des titres les plus mythiques de l'histoire de la télévision. Cet été 1966, personne, ni la télévision ni le Théâtre Marigny ni

Sabbagh, encore moins Bricaire, ne se doutent de ce qui les attend par la suite et le navire *Au théâtre ce soir* commence une modeste croisière de deux mois. La diffusion, sur les antennes de la *Première Chaîne,* des huit pièces prévues à l'origine de ce modeste projet, obtient auprès des téléspectateurs un succès foudroyant ! L'idée folle de Sabbagh qui avait laissé dubitatif Claude Contamine devient en deux mois un fait de société. Du jamais vu ! À la télévision, le courrier arrive par dizaines de milliers de lettres. On estime l'audience entre trois et quatre millions de téléspectateurs, l'enthousiasme est à son comble, et toute la France chante :

Nous crions devant le rideau,
La suite au prochain numéro !

Encore une fois, le visionnaire Sabbagh a frappé fort et l'émission *Au théâtre ce soir* est reconduite pour une année entière. Le triomphe de l'émission a fouetté l'énergie inventive de Sabbagh et de Bricaire et rien, maintenant ne les arrêtera plus. Au lieu de huit émissions, il faut en assurer trente. Dès lors, il faut trouver trente nouvelles pièces de théâtre à enregistrer. Rien ne change du principe de l'émission mais sa mise en œuvre va se transformer. Une de ces transformations va s'effectuer au cours de cette deuxième année de la série. Va entrer en scène un duo de protagonistes dont aucun téléspectateur ne verra jamais le visage et qui vont devenir les *stars* de l'émission par la magie d'une phrase rituelle : *Les décors sont de Roger Harth et les costumes de Donald Cardwell.*

Dès lors, l'équipe de base sur laquelle va reposer tout le *Théâtre ce soir* est définitivement constituée. Et cela va durer dix-sept années. Et pendant ces dix-sept années que va durer la série dont le succès ne fait que s'accroître au fil du temps, quatre cent seize pièces de théâtre seront montées, jouées, enregistrées et diffusées sur les antennes de la Télévision française. Le rêve de Pierre Sabbagh est réalisé. Chaque semaine, installé confortablement devant son petit écran, le téléspectateur, qui va savourer pendant deux heures la pièce que lui propose Pierre Sabbagh, ne se doute évidemment pas de la somme considérable de travail qu'il a fallu déployer et des montagnes de difficultés qu'il a fallu aplanir pour assouvir son plaisir. *Bon Dieu ! Mais c'est bien sûr !* Certains téléspectateurs ont dû, sûrement, se poser cette question : *comment font-ils ?* Alors, pour satisfaire cette légitime curiosité, employons le jargon du théâtre *Entrons dans la cuisine.* Tout d'abord, il faut savoir qu'une pièce de théâtre qu'elle soit jouée mille fois ou une seule fois, comme au *Théâtre ce soir*, demande au minimum un mois de travail ininterrompu avant de paraître devant le public. Ce mois de travail mobilise une cohorte de collaborateurs embrassant une bonne dizaine de disciplines des techniques du théâtre. L'émission *Au théâtre ce soir* doit fournir à la télévision chaque semaine une pièce prête à être diffusée. Pour tenir ce rythme infernal ! il faut simultanément mettre en répétitions quatre pièces, organiser un planning général, un emploi du temps d'une quinzaine d'acteurs, mettre en chantier la construction d'au moins deux décors, créer et réaliser une trentaine de costumes, trouver le public, huit cents personnes qui empliront le théâtre le jour de l'enregistrement. Cela équivaut à l'organisation d'un travail qui peut s'apparenter à celui d'une usine, aussi étrange que cela puisse paraître ! Poursuivons, nous avons donc en chantier quatre pièces qui vont dans des lieux différents du Théâtre Marigny se répéter simultanément. La quatrième pièce, celle qui sera enregistrée dans un mois et dont le metteur en scène et les acteurs viennent d'être engagés, commence ses répétitions dans un des trois foyers du théâtre. La troisième pièce, celle qui sera enregistrée dans trois semaines, se répète dans un autre foyer du théâtre. Les comédiens savent déjà leur texte par cœur, la mise en scène prend forme, les décors de la pièce sont en construction dans les ateliers du théâtre, les costumes se confectionnent dans l'atelier de couture. La seconde pièce, celle qui sera enregistrée dans quinze jours, se répète dans un autre foyer du théâtre, le travail est très avancé et la pièce pourrait être pratiquement jouée devant un public. La première pièce, qui se répète déjà depuis trois semaines, attaque sa dernière ligne droite. Elle est en quatrième semaine de travail, elle sera enregistrée en public dans huit jours. Ces cinq dernières répétitions, du lundi au samedi, se passent maintenant sur la scène du Théâtre Marigny. Les décors sont installés et pratiquement terminés, les comédiens ont revêtu leurs costumes de scène. Ils se familiarisent maintenant avec toutes ces nouveautés, et les dernières répétitions de la pièce se déroulent presque normalement, sauf que tout le monde est mort de trac ! Arrive le jeudi, trois jours avant l'enregistrement de la pièce, Pierre Sabbagh, son directeur de la photographie et sa scripte s'installent dans la salle du théâtre et l'on joue, pour eux seuls et sans interruption, la pièce en son entier. Cette répétition de la pièce permet, à Sabbagh, de déterminer où il va disposer au mieux ses quatre caméras de prise de vue, au directeur de la photographie de déterminer où il va placer ses projecteurs de lumière et à la scripte de noter tous les mouvements des comédiens, leurs déplacements sur la scène, leurs entrées et leurs sorties. C'est une répétition quelque peu éprouvante pour tout le monde ! Dès le vendredi matin : branle-bas de combat !

Les camions de matériel de la télévision arrivent au théâtre et son personnel technique ne dispose que de la matinée pour installer caméras, projecteurs, microphones, câbles électriques de toutes sortes pour la répétition de l'après-midi. Vendredi quatorze heures, Sabbagh et sa scripte s'enferment dans le car régie de la télévision et, tandis que la pièce se déroule sur la scène, Sabbagh, aidé de sa scripte, répète pour lui sa mise en images de la pièce et organise à son gré la succession des images que lui délivrent ses quatre caméras. Si les comédiens répètent la pièce depuis trente jours, Sabbagh, lui, n'aura droit qu'à deux répétitions, celle du vendredi après-midi à laquelle nous venons brièvement d'assister et la répétition générale du samedi matin, de neuf heures à douze heures trente, avant l'enregistrement en public de l'après-midi. Soit, à peu de chose près, huit heures de travail pour apprendre quasiment par cœur et se remémorer en direct le filmage d'une pièce qui dure environ deux heures et qui comporte, en moyenne, sept cents plans à sélectionner parmi les images que lui délivrent ses quatre caméras disposées dans la salle. Le lecteur, qui est familiarisé avec les techniques de la télévision, comprendra le tour de force, la virtuosité technique, la maîtrise nerveuse de ce vieux routier de la télévision qu'est Pierre Sabbagh, qui au fil des années de pratique, comme il le dit lui-même : *En a vu bien d'autres !*

La pièce étant jouée, l'enregistrement terminé, tout n'est pas tout à fait fini et voici pourquoi : le Théâtre Marigny est un théâtre dit régulier qui présente à son public son propre spectacle qui est joué, régulièrement, tous les soirs à vingt et une heures, le plus longtemps possible. Cela va de soi !

Les répétitions des pièces de la série *Au théâtre ce soir* occupent la scène du théâtre tous les après-midi. Impérativement, à partir de dix-sept heures, il faut laisser le plateau aux machinistes de Marigny qui doivent démonter les décors de la pièce du *Théâtre ce soir* et installer les décors de la pièce qui va se jouer le soir même en régulier. La pièce, que le théâtre présente en régulier, se termine vers vingt-trois heures et dès ce moment les machinistes de Marigny démontent ce décor et à sa place, installent le décor de la pièce du *Théâtre ce soir* qui va se répéter le lendemain après-midi sur cette même scène. Ce va-et-vient de montage, démontage de décors, va se répéter inlassablement jour après jour pendant dix-sept années !

Voilà, brièvement esquissée, la saga de cette aventure mythique dont le souvenir perdure et que d'aucuns aimeraient voir réapparaître sur les de plus en plus *étranges lucarnes*.

Et puis, avant que le rideau ne se ferme, cédons le porte-plume à Jean-Jacques Bricaire, qui, comme tout bon administrateur, est forcément *L'Homme aux chiffres*.

Au Théâtre ce soir en chiffres :
Durée de la série : 17 ans de 1966 à 1984.
Nombre d'enregistrements : 411.
Nombre de pièces enregistrées : 416.
Durée moyenne d'une pièce :

1 heure, 40 minutes, soit, 100 minutes.

Nombre de décors créés et réalisés pour la série : environ 1200.

Nombre de costumes créés et réalisés pour la série : environ 4 500.

Nombre d'auteurs joués dans la série : 311.

Nombre de metteurs en scène : 85.

Nombre de comédiens et de comédiennes ayant joué dans les 416 pièces : 1 544.

Nombre de rôles interprétés : 3 749.

Nombre de spectateurs ayant assisté aux enregistrements : 410 000.

Diffusions et rediffusions :

TF 1 : 447 émissions ayant assuré 745 heures de programmation.

ANT 2 : 105 émissions ayant assuré 175 heures de programmation.

FR 3 : 2 émissions ayant assuré 3 h 30 de programmation.

Total, toutes chaînes confondues de 1966 à 1984 :

645 diffusions et rediffusions ayant assuré 924 heures de programmation.

Faute de mieux, pour sauvegarder ce moment privilégié de l'histoire de la télévision et du théâtre vivant, j'ai mis en ligne sur Internet, avec l'aide et la complicité de Jean-Jacques Bricaire, le répertoire complet des 411 émissions et des 416 pièces de théâtre qui constituent le répertoire complet de la série télévisée *Au Théâtre ce soir* :

http://kiriloff. free.fr

Tout un chacun peut le consulter à loisir et à sa guise pour assouvir sa curiosité ou parfaire ses connaissances théâtrales !

Je dois ma carrière à Roger Harth et Le Poulain qui m'ont fait confiance, ce qui prouve que mon travail n'était pas trop mauvais, puisque j'en ai fait plus de mille cinq cents.

Fidèle à ce sentiment, qui m'a toujours habité, je n'ai jamais rien fait pour courir après un rôle. J'ai joué, les quelques fois où l'on m'a fait l'honneur de me le demander, du mieux que j'ai pu, mais je n'y ai jamais trouvé le réel plaisir que j'ai toujours éprouvé en jouant avec des sons et des magnétophones. Le comédien n'était pas mon véritable destin, disons que c'était une parenthèse dans les mille quatre cents décors sonores que j'ai réalisés en quarante-cinq années théâtrales. Et puis la vie passe, le temps s'écoule, la jeune génération arrive et prend notre place comme, jadis, nous avons pris la place de nos anciens. Cette jeunesse théâtrale montante, qui a, suivant l'expression consacrée, des choses à dire, pas forcément les mêmes que nous, des choses que parfois nous ne comprenons pas, qui nous étonnent et peut-être nous révulsent comme nous avons étonné et sûrement révulsé parfois nos aînés. Si quelque part cela s'appelle l'éternel conflit des générations, il assure, et certainement pour l'art dramatique, la pérennité et l'éternité, de cette mystérieuse et inexplicable alchimie qui n'est pas autre chose que le Théâtre avec un grand T.

C'est la fin de la page, voilà que je bavarde et il n'y a plus de place pour la résurgence des souvenirs. Bien sûr, je n'ai pas tout dit, mais quelle importance ? Et d'ailleurs peut-on tout dire ? J'en laisse l'étrange responsabilité à qui veut tenter une réponse à cette question. C'est tout.

Fred KIRILOFF

Fred KIRILOFF
16 février 1928 - 27 mai 2012
Réalisateur sonore.
Chevalier dans l'Ordre national du Mérite.

Fred Kiriloff a fait don de ses archives à l'Association de la Régie théâtrale. Vous y trouverez la liste de ses Réalisations sonores.

Remerciements :
À Philippe Behar pour son aide précieuse et sans qui nous n'aurions pas connu Fred.
À Marithé Perthuisot pour sa profonde affection envers Fred et Philippe.

Éditeur 978-2-906294
ISBN 978-2-906294-26-4
Dépôt légal, octobre 2022